12時必着 &
配達ポイント10000ヶ所

玉子屋の配達車は185台。
毎日5000事業所の約1万ヶ所に弁当を配達しています

一番早い配達車は
朝8時頃に出発します

毎日必ず肉と魚のメインが入り、野菜もたっぷり

若鶏の生七味焼、八宝菜、アジの唐揚げポン酢添え、
ワカメと玉ねぎの梅おかか和え、中華ポテト、大根一夜漬け、千切りキャベツ

葱塩豚丼風、アラスカカレイのソテー和風タルタルソース、黒はんぺんフライ、
卯の花、ほうれん草のおひたし、大根一夜漬、ドレッシング添え千切りキャベツ

松茸ごはんと新さんま塩焼き、野菜かき揚げ、玉子屋の絹ごし豆腐、
かぼちゃ利休あんかけ、厚焼き玉子、みぞれ酢和え、金平ごぼう、白菜一夜漬

ハンバーグステーキきのこの赤ワインソース、ミニ白身フライ小袋タルタルソース添え、
目玉焼き風オムレツ、ビーンズサラダ、チーズペンネ、ポテトフライ、ピリ辛こんにゃく、バターコーン

秋鮭のちゃんちゃん焼、焼栗コロッケ、しばワカメ、豚肉・ナス・ピーマンのポン酢炒め、
大根・ツナ・カリフラワーのサラダ、きゅうり一夜漬、千切りキャベツ

チキンと秋野菜のカチャトーラ、ふわトロオムレツコーンクリームソース、
いわしフライ、かぼちゃサラダ、キャラブキ、千切りキャベツ

オフィスまで配達し、
容器の回収もします

玉子屋自慢の高速レーン。熟練の技で、1分間に1レーンで100個の弁当におかずを盛り付けます

季節色も豊かな玉子屋の弁当。右側の10月9～12日は「秋の味覚堪能Week」で、実際の弁当は前ページに載っています

◆エネルギーの表示値は目安です。◆ライスのカロリーは340Kcalです。◆個包装の調味料はご使用量に個人差がございますので表記カロリーには含まれておりません。◆仕入状況によりメニュー内容を変更させていただく場合がございますのでご了承ください。◆アレルギー物質特定原材料7品目のうち卵・乳成分・小麦は毎日のお弁当に含まれます。その他の4品目につきましては各日右枠の黒字で表示しております。◆弊社製造工場ではそばを含む製品を製造しております。◆調理、盛付け過程においては、アレルギー物質の二次的混入を防ぐために細心の注意を払っておりますが、絶対的なものではありません。重篤な方、過敏な方は十分にご理解、ご留意いただきますようお願い申し上げます。

＼栄養のバランスを重視した／

手造りお弁当メニュー

BENTO LUNCH DELIVERY TAMAGOYA

2018年10月1日(月)～5日(金)／10月8日(月)～12日(金)

日	曜	メイン	おかず	アレルギー
10月1日 413Kcal 塩分3.6g	月	✨人気メニュー！ 玉子屋オリジナル かにクリームコロッケ	チキンソテーオニオンドレッシング、スパゲティナポリタン、畑のお肉、ひじき五目煮、野沢菜漬、千切キャベツ	そば 落花生 **えび** **かに**
2日 371Kcal 塩分3.4g	火	ヘルシー！ まぐろの照焼 わさびおろしソース	牛肉ときのこの玉子とじ、淡竹金平、かぼちゃ天ぷら、レンコン天ぷら、もずく酢、ミニ笹かま、うぐいす豆、キャベツ一夜漬	そば 落花生 えび かに
3日 450Kcal 塩分3.6g	水	チーズinメンチカツ	シルバー西京漬焼、野菜サラダ、豚肉と根菜のクリーム煮、葉唐ピーマン佃煮、千切キャベツ	そば 落花生 えび かに
4日 422Kcal 塩分3.5g	木	若鶏唐揚 小袋マヨネーズ添え	ほっけ塩焼、もやし挽肉炒め、オリジナル韓国風サラダ、フキの土佐煮、千切キャベツ	そば 落花生 えび かに
5日 412Kcal 塩分3.7g	金	★オススメ！ 葱塩豚丼風	アラスカカレイのソテー和風タルタルソース、卵の花、黒はんぺんフライ、ほうれん草のおひたし、大根一夜漬、ドレッシング添え千切キャベツ	そば 落花生 えび **かに**
8日	月	体育の日		そば 落花生 えび かに
9日 369Kcal 塩分3.0g	火	松茸ごはんと新さんま塩焼	野菜かき揚、玉子屋の絹ごし豆腐、かぼちゃ利久あんかけ、厚焼玉子、金平ごぼう、みぞれ酢和え、白菜一夜漬	そば 落花生 えび **かに**
10日 448Kcal 塩分3.5g	水	ハンバーグステーキ きのこの赤ワインソース	ミニ白身フライ小袋タルタルソース添え、目玉焼風オムレツ、ビーンズサラダ、チーズペンネ、ポテトフライ、ピリ辛こんにゃく、バターコーン	そば 落花生 えび かに
11日 433Kcal 塩分3.8g	木	秋鮭のちゃんちゃん焼	焼栗コロッケ、しばワカメ、豚肉・ナス・ピーマンのポン酢炒め、大根・ツナ・カリフラワーのサラダ、きゅうり一夜漬、千切キャベツ	そば **落花生** えび かに
12日 455Kcal 塩分3.6g	金	チキンと秋野菜のカチャトーラ	ふわトロオムレツコーンクリームソース、いわしフライ、かぼちゃサラダ、キャラブキ、千切キャベツ	そば 落花生 えび かに

スポーツ、行楽、読書に芸術、ピヨちゃん、ますは食欲の秋を満喫します♪

- ✓ ライスの容器にお箸や紙コップ等、ライス以外の物をお入れになられないよう、お願い致します。
- ✓ お弁当の容器は電子レンジ対応ではございません。温める際は別の皿などに移して温めて下さい。
- ✓ 個包装の調味料は使用量に個人差がございますので、表記カロリーには含まれておりません。
- ✓ 新鮮な食材を使用しておりますが、なるべく午後1時頃までにお召し上がり下さい。

秋の味覚堪能Week開催

秋の味覚堪能Weekの季節がやって参りました！
酷暑の夏も過ぎ、今年も秋の味覚堪能Weekの季節がやって参りました！海の幸・山の幸・野菜など豊富な食材に恵まれる「秋」を堪能していただけるようにと企画した毎年恒例の「秋の味覚シリーズ」も今回で5回目を数えます。期間は10/9(火)～10/12(金)までの一週間。豊かな日本の秋の味覚を取り揃え、お届けいたします！どうぞお楽しみに♪

実は、メニューや曜日によって毎日注文数も変わります

東京大田区・弁当屋のすごい経営

菅原勇一郎
SUGAHARA Yuichiro

はじめに

私が社長を務める「玉子屋」は弁当屋です。

毎朝9時から10時半までの1時間半に注文を受け付けて、その日の昼の12時までに受注先のオフィスや工場、官庁などに弁当を配達しています。配達地域は都内15区と神奈川県の一部で、現在の契約事業者は約５０００社、１日の配達先は1万ヶ所を超えています。

ただしコンビニなどには卸していませんし、店舗販売もしていません。したがって、残念ながら個人のお客様には玉子屋の弁当を味わっていただくことはできません。

そこで玉子屋がどんな弁当を扱っているのか、読者の皆さんに知っていただくために、ある時期のお弁当と献立表をご紹介したいと思います。

巻頭の口絵をご覧いただけますか？

いかがでしょうか。

玉子屋が扱っているのは税込み４５０円（２０１８年当時。２０２２年12月現在は５００円）の日替わり弁当だけです。日替わりですから、献立はご覧のように毎日替わります。１ヶ月間に同じメニューが出ることはありません。このような日替わり弁当を１日最大７万食、製造・販売しています。

１９７０年代に私の父親が創業した当時は、１日50食ほどの街の小さな弁当屋でした。

１９８２年に１日の平均弁当生産食数が２０００食を超え、１９８７年には１万食に達しました。私が玉子屋の経営に携わるようになった１９９７年には２万食を突破し、その後も食数は３万食、４万食、５万食と順調に伸び続けて、２００７年にはとうとう６万食を超えました。現在の１日平均食数は６万～７万食です。「失われた20年」と言われた不況期に、食数を３倍以上伸ばしたことになります。

玉子屋グループの現在の年商は約90億円。

先代が夫婦と仲間内で始めた街の弁当屋はパート、アルバイトを含めて従業員数６００人の企業に成長しました。１日３０００食提供すれば「大手」とされる弁当業界で、玉子屋の食数は群を抜いています。

しかし、玉子屋は全国展開するような大企業ではありません。東京の下町に根を張って手足の届く範囲で商売をしている、地域密着型の地場企業です。10代の配送スタッフもいるし、弁当の盛り付けをしているスタッフの最高齢は79歳です。

４５０円の日替わり弁当だけでどうして、そこまで大きく成長できたのか。１日最大７万食もの弁当をどうやってつくって配達しているのか。日本のあらゆる製造現場で人手不足、人材不足が叫ばれているのに、どうして玉子屋には元気なスタッフが集まるのか。なぜ皆、生き生きと働いているのか——。

こうした質問を受けることがよくあります。加えて、私は先代から事業を受け継いだ二代目ですが、近頃は中小企業の事業承継について尋ねられることが増えました。

本書はそのような問いかけに真摯（しんし）に答えたいという一心でつくりました。

日本にある企業約３８０万社の99・７％が中小企業と言われますが、急速な技術革新や働き方改革など労働環境の変化で、中小企業も大きな変革期を迎えています。玉子屋もフランチャイズ化や全国展開のお話などをいただいておりますが、私は玉子屋を「大企業」にするつもりはありません。日本の雇用の7割、ＧＤＰの6割を占めるのは中小企業です。

日本を支えているのは昔も今も中小企業だと思っているし、玉子屋は「輝ける中小企業」でありたいのです。

玉子屋の取り組みに触れていただいて、中小企業の経営者の皆さん、並びにそこで働く皆さんに少しでも元気になってもらえたら本望です。

※本書は２０１８年12月発行の『東京大田区・弁当屋のすごい経営』を新書化したものです。特に説明のない場合、数字や情報は発行当時のものです。２０１８年以降の玉子屋については、巻末の「新書化によせて」をご覧ください。

東京大田区・弁当屋のすごい経営◆目次

2章 数字で語る玉子屋

3章 嫌いだった弁当屋を継いだ理由……87

4章 社員の心に火を灯せ

5章　玉子屋の未来 ……… 191

1章

中小企業の事業承継は先代が元気なうちに

年商は90億だけれど、地域密着の中小企業「玉子屋」

私は東京都の大田区で玉子屋という宅配弁当の会社を経営しています。都心で働くビジネスマンの方なら、ヒヨコが描かれた白いワンボックスカー、玉子屋の配達車を見たことがあるかもしれませんが、大多数の方はご存知ないでしょう。

お弁当は、日替わり弁当1種類のみ、450円のお弁当を毎日6万〜7万食、製造・配達しています。6〜7万といえば、小規模な地方都市の人口に当たります。どうやったら朝注文を受けてお昼までにそれだけの数のお弁当を配達できるのか、皆さんも不思議に思われるでしょう。そのシステムは本書の後半でご説明します。

玉子屋は私の父が起こした会社で、そもそも事業を継ぐつもりがなかった私ですが、1997年、27歳のときに玉子屋に入社しました。当時の事業規模は1日2万食を超えるくらい。そこから毎年順調に配達数を伸ばしてゆき、10年後の2007年には6万食を突破しました。現在は日替わり弁当で年商約70億円、玉子屋グループ全体で年商は90億円です。

私が人前でお話させていただくとき、必ず聞かれることが二つあります。

一つは「どのようにして、スムーズに事業承継をしたのですか？」。もう一つが「どのようにして、1商品だけの事業でそんなに業績を伸ばしたのですか？」ということです。

本書を手に取ってくださった皆さんも、その点が気になっているのではないでしょうか。

まずこの章では、玉子屋の事業承継からお話していきたいと思います。

後継者不足で黒字廃業する中小企業が激増中

中小企業の廃業が増えているといいます。

玉子屋も中小企業ですから、中小企業を取り巻く経営環境が厳しくなっている実感はあります。しかし中小企業の経営環境が厳しくない時代などなかったわけで、それぞれの時代の荒波を乗り越えて、中小企業は日本の経済を下支えしてきました。

経営環境の変化についていけなくて業績が振るわずに会社を畳むことはいつの時代もあることですが、昨今廃業した会社の約半分は経営的には黒字だそうです。黒字の会社がなぜ廃業するのか。最大の理由は後継者が見つからないからです。

経済産業省の分析によれば、現状、日本の中小企業の3分の1に当たる127万社で後継者がまだ見つかっていないといいます。この問題を放置して127万社が廃業すれば、実に650万人の雇用と22兆円のGDPが失われることになるそうです。

オーナー社長が圧倒的に多い中小企業にとって、会社の経営を後継者に引き継ぐ「事業承継」は大きな課題です。

近頃は従業員をトップに昇格させるケースや外部から後継者を引っ張ってくるケース、M&Aによる事業承継などが増えてきていますが、いまだ主流は親族による承継です。

かくいう私も玉子屋を、父親で現会長の菅原勇継(いさつぐ)から引き継ぎました。

「親子なんだから親の事業を子どもが受け継ぐのは当然」と思われるかもしれませんが、中小企業の事業承継というのはそんなに簡単なものではありません。

私は玉子屋に入社する以前、銀行に勤めていたことがあります。中小企業の経営者とのお付き合いがありましたから、経営のバトンを引き渡す苦労も目の当(ま)たりにしてきました。なおかつ自分自身、家業を引き継いだ経験から言えば、親子の間柄が逆に作用することが少なくないのです。

まず親の立場からすれば、創業社長あるいはオーナー社長として、幾度も危機を乗り越えて会社を守り続けてきた。休日もお構いなしに仕事に明け暮れて、時には下げたくもない頭を下げて仕事を取ったり、支払いを先延ばしにしてもらったり。資金繰りに窮(きゅう)したときには個人資産を抵当に入れてでも金を借りて、家族と従業員の生活を守るために、世のため人のために、大変な思いをして会社を引っ張ってきたわけです。

それゆえに会社を受け継いで欲しい気持ちと同じくらい、自分と同じような苦労を子どもにはさせたくないという思いが強い。

そうは言っても中小企業のオーナーですから、そこそこのお金はあります。子どもの教育にはお金をかけられるし、絶対に私立の学校に入れたいという人も多い。玉子屋がある東京大田区は日本有数の中小企業の集積地ですが、町工場の子どもは案外、私立のいい学校に通っています。

一方、子どもは子どもで苦労している親の背中を見て育ちます。「継いでもらいたいけど、自分と同じ苦労はさせたくない」という親の複雑な思いもそれとなく伝わってくる。だから「家業を継ぐ」という前向きな気持ちにはなかなかなれない。私は子どもの頃は大企業のサラリーマンに憧(あこが)れていました。

仕事が忙しくて子どもに接する時間が少なくなれば、二代目教育だって十分には施せません。塾に通って、いい学校に入って、子どもは親とまったく違った育ち方をする。小さな組織であれ、リーダーとして引っ張っていくにはそれなりの資質や素養が必要です。そういう育て方をしなければ、なかなか身につくものではないだろうと思います。

結局、会社を託せるタイプに育たなかった、あるいは育てられなかったから事業承継できない。後継者不足の背景には、このような親子の問題もあるのではないでしょうか。

思い切って「廃業」することも一つの選択肢

銀行員の日線で言えば、事業承継するよりも廃業したほうがいい場合もあります。事業承継の方向性が定まらないまま、業績の上がらない事業をずるずると続けていたら、廃業すら困難になりかねません。

ここで言う「廃業」というのは経営者が自主的に会社を畳むことです。借入金や買掛金といった負債を完済して会社としての責任を全う(まっとう)し、法務局で法人登記を抹消すれば廃業はできます。一方、資金繰りがつかなくなって、取引先への支払いができなくなったり、従業員の給料が払えなくなって、会社経営が成り立たなくなるのが「倒産」です。

自分の意志で廃業するのならイチから再出発できます。しかし、倒産となると取引先や従業員などに多大な迷惑をかけることになりますし、負債の返済という足枷(あしかせ)がついて回ります。マイナスからの再出発だから再起の道も険しい。

会社に将来性はあるのか。事業の将来性はどうか。後継者はいるのか。いるならその資質や素養はどうか。まずはそれらをしっかり見極める。その上で、今の事業に将来性を見出せず、後継者のあてもない、もしくは後継者候補に期待が持てないのなら、資金や資産に余裕があるうちに「廃業」を選択する。

最近では、中小企業の事業承継は国家的な問題として認識されており、自治体が後継者育成事業に力を入れています。自治体が「事業引継ぎ支援センター」を設置し、地域の商工会議所が運営したり、民間の中小企業M&A支援業者も増えてきました。

同業他社に丸ごと会社を買収してもらう、不採算事業を整理して収益部門を子会社化するなど、事業の存続にも社員の生活にも支障の少ない形での継続が見込めることもあります。その場合、オーナー社長なら会社を売却した収益を老後資金に当てることもできるでしょう。自力で後継者が見つけられない場合、こうしたサポートやサービスを利用するのも手だと思います。

体力があるうちに会社を清算するのも大事な経営判断です。

後継者を決めているなら、なるべく早く全権委任する

廃業も含めて、事業承継というものはあらゆる可能性を排除しないで手当てしていくことが大切だと思います。

すべての選択肢の中で何がベストなのか、一概には言えません。

会社経営というのは本当に奥が深いものです。たとえば、商売で使われている技術をトップが深く理解していることが決定的に重要な場合もあれば、技術的なことはわからなくても技術に精通した職人から「この人の下で働きたい」と信頼される器の大きさや人間性が大事な場合もあります。

外部から後継者を見つけてくるのもいい。お金はかかりますが、「プロ経営者」と呼ばれる経験豊富な専門家を招く手もあるでしょう。

身内から選ぶにしても、長子、長男にこだわることはない。資質があるなら娘に継がせてもいいし、娘婿なら世界には35億人の候補がいるわけです。息子より優秀な後継者が見つかる確率は高い。

そして「こいつに継がせたい」と心に決めた後継者がいるのなら、1日でも早く引き継がせたほうがいいというのが私の持論です。

後継者と目した相手に経験を積ませて、自分が納得できるレベルまで育ててから、タイミングを見て会社を継がせる。それがセーフティな事業承継だと思っている経営者は少なくないでしょう。しかし5年経っても、10年経っても納得できるレベルに育たないことだってあり得ます。その間にトップの経営感覚やエネルギー、人脈などがすっかり衰えてしまって、やむなく引き継ぎをしているようでは失敗しかねない。

「継がせる」と決めたら、経験が浅くても、企業家として未熟でも、社長なり役員なり、それなりの立場に就かせる。未熟だから失敗もするでしょう。しかし、先代が元気なうちは十分にフォローができます。

まだまだ人脈はあるし、お客様だって持っている。何よりパワーがあります。新しいトップに対する社内の不平不満を抑えることができるし、二代目を鍛える余力もある。

事業承継の失敗事例でよく見聞きするのは、息子などの後継者になかなか会社を継がせないパターンです。長らく〝お預け〟を食っているうちに後継者のモチベーションは下がり、「社長交代があるかもしれない」という社内の緊張感も薄れてしまう。

そうこうしているうちに社長が病気になったり、元気がなくなって事業承継せざるを得ない時期がやってきますが、そのときには社長の人脈もすっかり古びてほとんど役に立たなくなっている。

社長が元気なうちにバトンタッチして後継者と一緒に得意先や取引先を回って「まだ出来が悪いけれどよろしくお願いします」と顔をつないでおけば、生きた人脈がしっかり引き継げる。

最初は従業員から文句が出るかもしれません。しかし、「俺が決めたことだから。新しい社長を盛り上げてやってくれ」と言い聞かせれば、従業員も早めに気持ちの切り替えができる。トップが元気なうちに事業承継したほうが、新しい体制への移行はスムーズに運ぶと思います。

入社したときから経営を任された

我が身を振り返れば、玉子屋の事業承継は比較的スムーズにいったと思います。

玉子屋を興した私の父親であり現会長の菅原勇継は1日50食の「弁当屋」から始めて、1日1万食を超える弁当を製造販売する「中小企業」に玉子屋を育て上げました。

450円の日替わり弁当に特化して食数を伸ばしていく玉子屋のビジネスモデルの原型は、すべて会長が考え出したものです。

その会長から玉子屋の経営を引き継いで私が社長になったのは2004年のこと。

詳しいいきさつは後章に譲りますが、私は大学を出てから銀行やマーケティング会社で仕事をしていました。玉子屋に入社したのは1997年。27歳のときです。

社長として会社を引き継ぐまでに7年を要したことになりますが、常務で入社したときから会長に「すべて任せる」と言われていました。

しかし、当時、会長は「華麗なる中小企業の社長」としてメディアに登場するようになって、ちょっとした有名人になっていました。玉子屋のブランドを確立していく上で、会社の顔である会長の存在は欠かせなかったし、自分自身まだ力不足だと思っていました。だから私のほうから、「社長交代はもうちょっと待とうよ」と進言したのです。

入社5年目の2002年に副社長になり、その頃には私もテレビや雑誌の取材を受けるようになっていました。「もういつ社長になってもいいだろう」と会長からも言われていて、それならばいい節目ということで、2004年に催した玉子屋の30周年記念パーティを新社長のお披露目（ひろめ）の席にさせていただきました。

だから社長の肩書きになったのは2004年のことですが、実質的には1997年に入社したときから経営を任されていたので、玉子屋の事業承継はその時点でほとんど完了していたことになります。

当時、会長は57歳。まだまだ元気でしたし、経営感覚も鋭敏でした。バブル崩壊後の不況とデフレが進行する中で弁当ブームは続いていて、会社の業績も順調に伸びていた。表向き、トップを退く理由はなかったと思います。

しかし、会長はすぐに私に会社を任せるつもりでいた。私が玉子屋に入ることが決まった時点で、幹部社員に「今度から息子に一任する」と話していたそうです。

小さな「弁当屋」に自分を慕ってくれる仲間が集まってきて「小企業」になり、いつしか「中小企業」になって従業員の数も増えた。これからまだまだ食数は伸びそうだし、従業員もさらに増えるかもしれない。

「家業」からスタートした玉子屋が「企業」になり、「企業」としても一皮剝けなければいけない時期にきていることを、会長は感じていたそうです。一方で、コーポレートガバナンス（企業統治）やコンプライアンス（法令遵守）、ＣＳＲ（企業の社会的責任）といった言葉が注目されて、企業経営のあり方が一層厳しく問われる時代がやってくることも十二分に理解していた。

そんな社会状況を鑑みながら、玉子屋の未来を見据えて、「潮どき」という判断に至ったようです。

もちろん、自分でやれるだけのことをやったという満足感もあったと思います。遊びが大好きな人ですから、しんどい一線はさっさと退いて好きに遊びたいという気持ちもあったのかもしれない。遊びも元気なうちでなければ楽しめませんから。

経営者に下積みは必要ない、という会長の考え

入社前、玉子屋に入って自分が何をしたいのか。玉子屋をどうしていきたいのか。自分の考えを会長に率直に伝えたことがあります。

「おう、いいじゃないの。全部やれよ。お前に任せる」

会長から「経営のすべてを任せる」と言われたとき、身が引き締まるような感覚と同時に経験したことのない重圧を覚えました。

経営を任されるということは菅原の家だけではなく、当時アルバイトを含めて100人程度でしたが、社員の生活を背負うことになります。自分だけの人生ではなくなる。そう思った途端、言いようのないプレッシャーが襲ってきたのです。

玉子屋で仕事をする以上は、いずれは自分が継がなければならないという覚悟はありました。しかし、私自身はずっと家業から距離を置いてきました。子どもの頃は玉子屋の弁当を食べたこともなければ、弁当工場に足を踏み入れたこともありませんでした。

知っているのは玉子屋の決算書の数字。それから玉子屋に入る前の2年間、小さなマー

ケティング会社で仕事をしていたときに、会長の肝煎り(きもい)で毎日届けてもらった弁当の味だけ。玉子屋という会社組織のことはまったく知らない。どんな人たちが、どういう気持ちで働いているのかもわかりません。

当然、それなりの修業期間が必要になると思っていました。ところが……。

「短くていいよ。お前ならそれぞれの部門を2、3日見ればわかるだろ。全部で1、2週間ってところじゃないの」

経営者の中には会社のさまざまな仕事を経験させて二代目修業を積ませたがるタイプもいます。しかし会長の考え方は違いました。

経営者は別に料理ができなくてもいいし、配達や営業ができなくても構わない。大事なのは仕事の流れを把握して、それぞれの部署に有能な人材を持ってくること。

経営者にとって大切なのは適材を適所に配置する能力であって、実務の下積みなどあまり意味はない。最初から経営者の立場に立たなければ経営は学べない――。それが会長の信念でした。

「俺はお前を二代目にするために幼い頃から仕込んできた。銀行やマーケティング会社で社会経験も積んだ。この2年、玉子屋の弁当も食べてきた。それで十分。俺の目から見て大丈夫だと思ったから、経営を任せるんだ」

そう会長に背中を押してもらいました。しかし、どうしても自分の目で現場を見ておきたい。結局、前の会社の残務と引き継ぎをしながら、玉子屋に行き来して入社準備をしていた数ヶ月の間に、2週間ほどかけて各部門を回ることにしました。

炊飯部門のライスセンター、洗浄工場、盛り付け、焼き場……毎朝1時、2時に起きて工場に向かうと、未明の真っ暗な時間から工場が稼働している。弁当の下ごしらえが進行していく様子を見るのはそのときが初めてでした。

それぞれの部門でどういう人たちが何人くらいで働いているのか。作業手順はどうか。機械化がどこまで進んでいるのか、現場の担当者に説明してもらいながら見て回りました。

配達車に同乗して弁当の配達ルートも巡りました。当時は1日平均2万食程度でしたが、それだけの弁当をどうやって昼の12時までにオフィスに配り終えるのか、とても興味があったからです。

そうやって自分の目で現場を確認したおかげで、これから玉子屋をどうしていきたいのか、改革のイメージが鮮明に浮かんできました。

「今日をもって社長は死んだと思ってください」

玉子屋では月イチで部門長が集まる全体会議、小さな会社ですから会議と呼べるほどのものではありませんが、前月に起きたことや今月の予定などを報告し合って、かっこよく言えば情報共有をしています。

私の正式な入社報告は１９９７年1月の全体会議の席で行われました。

「息子の勇一郎だ。今度常務で入ることになった」

会長が横に座らせた私を紹介しました。専務取締役は私の母親で、常務取締役の私は2人目の役員。私が入社するまで常務なんていう役職はなく、私のためにできたポジションですから、まごうことなきファミリー企業です。

「コイツは頭も切れるし努力家だ。俺のように甘くないからな。相当厳しいことを言われるかもしれないが、覚悟しておけ。先に言っておくよ。いずれ常務が社長になる。これからは俺よりも常務の言うことを聞いて仕事をしてくれ」

紹介を受けて型通りの挨拶をした私は、最後に、そのときに思い浮かんだ会長の戒名を口にしていました。

「今のは私が考えた親父の戒名です。今日をもって社長は死んだと思ってください」

なんという戒名にしたかは覚えていないのですが、まあちょっとふざけた戒名です。
会長と一緒に玉子屋を盛り上げてきた主力の幹部社員は全員50代後半から60代です。トップの血縁とはいえ、いきなり上役に据えられた20代の常務に従うように言われて、割り切れない気持ちの人も当然いたと思います。しかし私もここで腹を括らなければと、もう会長はいないものと思って欲しい、という気持ちを伝えたのでした。

事業承継は事業を引き継ぐだけではありません。社員との関係も引き継ぎます。特に先代との付き合いが長い古参社員と良好な関係を築けるかどうかは、事業承継の成否にもかかわる重要な課題です。

業務に通じている古参社員と後継者が対立すれば業務に支障をきたします。もっと厄介なのは表面的には新しい社長に従う素振りを見せながら、裏はまったく動こうとしない面従腹背の関係になることです。

古参の幹部社員が何を考えているのか、私は本音が知りたかったし、自分のことを少しでもわかってもらいたかった。だから一人ひとりと個別に飲んで話をすることにしました。当時は体力もあったので1ヶ月も飲み続ければ、大体社員全員と話ができます。

幹部社員とじっくり話をして感じたのは会長、当時の社長の存在感の大きさでした。

「あなたのお父さんについていけば、食いはぐれることなく生きていける」

幹部社員の一人が言った言葉ですが、ほとんどの社員は同じような感覚で働いていたのだと思います。親分と子分。あの人についていけば間違いない、と。

彼らの私に対する認識は後継者というよりも、「親分が手塩にかけて育てた息子」です。野球漬けで厳しく育てられたから、体力と根性はありそうだ。でも弁当屋の世界は何も知らない。「常務が言う通り本当に上手くいくかどうかは……?」というニュアンスでした。

私から幹部社員に説明したのは、ひと言で言えば「温故知新」です。

会長がよかれと思ってやってきたことで、これからも大切だと思うことは受け継ぐ。ただし、時代も変わっていくから、私が新しいことを始めたときには頭ごなしに反対しないで、とりあえずついてきて欲しい。

「結果を見てから判断してくれ」とお願いしました。

「そこまでおっしゃるなら、とりあえずついていきますよ」という了解は得られましたが、私の改革方針が全面的に支持されたわけではなかったと思います。

玉子屋で仕事をしていく上で、私の考え方を理解して改革を前向きにサポートしてくれる人材を一人でも二人でも見つけたいと思っていました。だから社員一人ひとりとコンタクトを取って自分なりに目星をつけて、「この人がいいんじゃないか」とか「まだ荒削りだけど、彼を幹部にしたい」と会長に相談していた。

会長からは「いいね」という反応が返ってくることもあれば、時折、鼻で嗤われることもありました。

「勇一郎、まだまだだな。あれはハイハイ従うし、頭がよさそうに見えるけど、能力や資質はあまり高くない。後々、荷物になるかもしれないぞ」

「こいつは一見、何を考えているかわからないタイプだが、根性があるし、鍛えれば伸びる。大事にしたほうがいい」

今になって振り返れば、会長の見立ては的確で一人も間違っていなかった。当時の私はまだまだ人を見る目がなかったので、会長に相談しながら人事を決めていきました。会長のアドバイスを参考に人材を見出せたことはとても大きかった。彼らが大きく成長してくれたから、今の玉子屋があると思っています。

「三方よし」をもっと磨くために

銀行で仕事をしていた頃、さまざまな大企業、中小企業とのお付き合いの中で「三方よし」という考え方を学びました。

「売り手よし」「買い手よし」「世間よし」

売った人も買った人も満足して、世間も満足する、つまり社会に対する貢献にもなるのがいい商売であるという意味で、もともとは近江商人の心得だそうです。

銀行員の視点で玉子屋の決算書を見たときに、「ああ、ウチって三方よしの会社なんだな」と初めて気づきました。

たくさんのお客様にご満足いただいているから弁当の食数は伸びている。食数が伸びて仕事が拡大していく中で、従業員も喜んで仕事をしている。会社自体は健全経営でお国のために税金をきちんと納めているし、何より美味しくて栄養バランスのよい弁当を手頃な値段で提供することで働く人たちの役に立っている。

自分が入ったら玉子屋の「三方よし」をもっと磨きたいと思いました。お客様にはもっと喜んでもらいたいし、従業員にはもっと生き生きと仕事をしてもらいたい。会社としてこれからも健全な成長軌道を描いていきたい。

そのために何をすべきか。まず取り組みたいと思ったのはメニューの改革です。玉子屋に入る前から、玉子屋の弁当を食べて感じていた課題を「こうしたい」と率直に社内に提案しました。

玉子屋の弁当は確かに美味しい。でも自分がサラリーマンをしていて毎日食べたいとは思わなかった。なぜか。

玉子屋の弁当は日替わりだからメニューは毎日違います。しかし、以前はたとえばハンバーグのソースはデミグラスソースしかなかった。付け合わせのスパゲティの種類にしてもミートソースとナポリタンの2種類だけ。もっともそれは玉子屋に限った話ではなくて、当時はどこの弁当もそんな感じでした。胃袋を満たすこと優先の、見るからに男性的な弁当が圧倒的に多かったのです。

もっと女性に喜ばれるメニューづくりをするべきだと思っていました。男性社員がガッツリとした弁当を食べているのを見ても、同じ職場で働いている女性社員が「私も食べたい」とはなかなか思わないでしょう。でも女性社員が美味しそうに弁当を食べているのを見れば、男性社員だって食べたくなるに違いない。

玉子屋の弁当はブルーカラーだけではなく、オフィスで働くホワイトカラーにも好評をいただいて大きく食数を伸ばしてきました。今後もホワイトカラーの食数を伸ばしていくのであれば、もっと女性に訴求するようなメニューにブラッシュアップしなければならないと感じていました。

食品偽装のグレーゾーンをなくす

ハンバーグのソースやスパゲティのバリエーションを増やす。もっと野菜を使ったメニューを増やしたり、フライや天ぷらの衣を薄くしてヘルシー志向に寄せていく。盛り付けや食材のバランス、色合いなどにもっと気を使って、見た目の美味しさも強調する。

魚の切り身の大きさにばらつきがあるのも気になっていました。胴体の中心部と尻尾に近い部分では同じ大きさだとしても厚みが違います。尻尾に近い部分が当たって気を悪くするお客様だっているかもしれない。切り身が均等になるようにカットも工夫しました。

また2000年代に入って、輸入牛肉を国産牛肉と偽る牛肉偽装事件が大きな社会問題になり、その後も原材料の偽装、産地の偽装、消費期限や賞味期限の偽装など、各種の食品偽装事件が頻発して、食の安全に対する関心が高まりました。

食品偽装自体は以前からあったわけで、当時の食品業界はまだ野放しに近い状態でした。たとえば東北では「モウカ」と呼ばれるサメ（ネズミザメ）は、焼き方次第でマグロの照り焼きのような味になります。深海魚を銀ダラと謳って売っている店も多かった。鮭弁に鮭

（サーモン）の代わりに安価なマス（サーモントラウト）を使うのは偽装にも数えない世界だったのです。

弁当業界でも偽装は横行していた。玉子屋でもかつては一部グレーな食材が使われたことがありました。私は玉子屋に入ってから業界の実態を知って、これを正さなければいずれ大きな問題になると思っていました。お客様に安心していただけるいい食材を徹底的に使って、それをきちんとお伝えする体制を率先してつくり上げる。それもメニュー改革の一環に位置づけました。原産地など食材の表示を一つひとつクリーンにしていった弁当屋は、恐らく玉子屋が最初だと思います。

メニューづくりは長らく会長が担当してきました。会長がメニューの基本的な骨組みをつくり、それをベースにメニュー会議で肉づけし、会議の結果を会長にフィードバックしてチェックを受けて、最終的なメニューが決定するという流れです。

日替わり弁当だけで商売をしている玉子屋にとって、メニューづくりは玉子屋の〝味〟を決定づける重要な業務であり、創業以来、会長の専権事項でした。

これは明かせないのですが、玉子屋には会長と私しか知らない秘伝のメニューの組み合わせというものがあります。メインのおかずにある副菜や漬け物を組み合わせると相性抜群でよりご飯が進むというスペシャルパターンもあれば、これとこれを組み合わせると箸が進まなくなるというNGパターンもある。他社の幕の内弁当などを見ていると、一品一品のおかずは豪華でも、残念な組み合わせだなと感じることがよくあります。

無数にあるメニューの組み合わせにマニュアルはありません。私は父親である会長に子どもの頃から仕込まれて舌で覚えさせられました。したがってメニューづくりを私が引き継いでもよかったのですが、当面は経営に専念したかったので、右腕と頼んでいる幹部社員にメニューづくりを任せることにしました。

とはいえ、こればかりは一朝一夕にはいかない。会長の傍(かたわ)らでメニューの設計を何年も学んでようやく一定のレベルに達したので、2018年から会長に代わってその幹部社員がメニューづくりを担当することになりました。

配達は、注文数が確定する前に見込みで出発する

配送システムの効率化も改革のポイントでした。

玉子屋について多くの人から驚かれるのは、1日最大7万食という数の弁当を毎朝9時から受け付けて、昼の12時までに各オフィスに届けていることです。それだけ大量の弁当をどうやって都内各地のオフィスに時間内に届けるのか。

詳しくは2章で説明しますが、要は遠距離、中距離、近距離と配達エリアを分けて、配達車同士が連携することで配送効率を高めています。

まずは遠距離エリアの配達車は受注を待たずに、朝8時の段階で「見込み数」の弁当を積み込んで出発。中距離エリアの配達車はそれより遅れて出発します。遠距離部隊の弁当が余ったり、不足する見込みとなった場合は、遠距離エリアの配達車と中距離エリアの配達車が連絡を取り合って、弁当を補給したり、逆に余った弁当を積み替えます。同じように中距離エリアの不足分や余剰分は、大田区周辺の近距離エリアの配達車に積み替えて調整していく。

こうした配送システムは私が入社する前から確立していて、入社前、何度か配達車に同乗して配達の様子を見せてもらいました。本当によくできたシステムだと感心したのですが、そのときに「リバ調」と書かれた配達車が1台あることに気づきました。

聞けば、配達ポイントに「リバーサイド」というビルがあって、「リバーサイド用の調整車」だから「リバ調」とのこと。

「ここのお客様は数が確定していないまま注文が入ってきてしまうので、1台だけ余分に弁当を積んでおいて、それで調整して最終的な数を確定させるんです」と配達スタッフが教えてくれました。

弁当が余った場合には、当時、近辺に自動車教習所があって、そこの売店で販売できる取り決めになっているとか。無駄が出ない工夫が凝(こ)らされていることに感心しきりでした。同時に配達現場を見ていて思いついたのは、「リバ調」のように自由に動ける調整車両をもっと増やせばいいのではないかということです。

遠距離エリア、中距離エリア向けにも調整車を複数台用意して、弁当の不足分を補ったり、余剰分を引き取ってほかのエリアに臨機応変に回していく。配達車同士の連携に加えて、複数の調整車を投入すれば、配送効率も配達の精度ももっと上がると思いました。

実際、調整車の追加導入で配送能力は向上しました。私が入社した当時、配送ルートは40ほど。社長になった頃には100ルートまで増えましたが、配送システムに破綻(はたん)はきたしませんでした。調整車がカバーする部分が大きかったと思います。

8年で3倍の注文を受けるようになる

改革の効果もあってか、食数はコンスタントに伸びていきました。私が入社した199

7年の食数が2万食程度。それが1年後には2万4000食、2年後には2万7000食、3年後には3万食という具合です。

90年代後半、バブル崩壊後の不況が長引いてデフレ傾向が強まる中で、弁当のコストパフォーマンスがあらためて見直される時代状況も後押ししてくれたのでしょう。玉子屋の弁当はほかの弁当に比べて極端に安いというわけではありませんが、クオリティの高さと値段のバランスが支持されたのだと思います。

食数や売り上げを伸ばすのは意図していたことですが、1・5倍とか2倍というような急成長はむしろ望ましくないと考えました。社員の成長と売り上げの伸びは正比例するべきであって、これがズレて売り上げの伸びに対して社員の成長が追いつかなくなると、玉子屋のサービスにお客様が満足できなくなって「三方よし」が崩れるからです。

ゆえに配達エリアを一気に広げて、注文を取りまくるような営業は控えることにしました。既存のエリア内で地道に営業しながら、玉子屋の評判を着実に高めて食数と売り上げを伸ばしていく。ベースとしては年間20％の売り上げアップを念頭に置いていました。毎年20％増を達成できれば、5年後には売り上げは倍になりますから。

実際、3万食までは売り上げは年20％増ペースで伸びていきました。しかし3万食が一つの分岐点で、社員の成長と売り上げが正比例して伸びても、工場の稼働率が限界に達してくる。そんなときにたまたま隣の町工場が廃業して、新工場をつくるのに最適なスペースが空きました。そこを買い取って新工場を建設し、生産能力を1万食増やしました。「あと1万食、営業で取ってこられるぞ」ということで社員の皆も燃えてくれて、次の年には3万5000食、その翌年には4万食に達しました。

食数が増えるにしたがって食材の仕入れも増えます。食材の仕入れが大量になるほど、値引きの幅も大きくなります。また3万食を超える規模になると、食品メーカーに頼んでプライベートブランド（PB）の商品をつくってもらえるので、よりリーズナブルな値段で食材が手に入ります。その分、よりよい食材を使えるから、値段は同じでも弁当のクオリティは高まるし、バラエティに富んだ弁当が提供できるわけです。

その後も頃合いよく用地を取得できました。バブル崩壊は設備投資の面でも追い風になったようで割安な出物に出会えたし、会長や専務の目利きもあったと思います。もともと4万食ぐらいまでは増やすつもりでいましたが、第1工場、第2工場、洗浄工場、炊飯部門のライスセンターと生産能力を拡張した結果、6万食まで対応可能になりました。

リサイクルを徹底したため7000万の赤字に

やることなすこと上手くいったと言いたいところですが、失敗もあります。

2000年に食品リサイクル法（食品循環資源の再生利用等の促進に関する法律）が制定されて、食品廃棄物の減量、再生利用が義務化されました。今は分別した食品廃棄物を業者に持っていってもらってさまざまな方法で処理していますが、リサイクル法がなかった当時は自分たちで回収した食品廃棄物は自分たちで処理していました。

食品会社は環境問題に敏感であるべきだと私は思っていて、環境対策のアイデアをあれこれと思案していたときに、食品廃棄物を炭化して燃料炭に加工する炭化リサイクルの技術が目に留まりました。食品廃棄物を焼却処分して、出てきた炭を燃料に使う。廃棄物をほかの産業の原料や燃料に使うなど、リサイクルを徹底して廃棄物をゼロに近づけようとする「ゼロエミッション」の考え方に近い技術です。

とある中小企業が特許を取得した炭化リサイクル焼却システムを7000万円でリース契約を結んで洗浄工場に設置しました。

まずは大量の生ゴミを焼却してゴミの量を減らすことが目的です。将来的には出てきた廃棄物を全部そこで燃やせば、有害物質は一切出ないし、生成された燃料炭をライスセンターの熱源に使うこともできる――。

　という構想だったのですが、これが大誤算。白い煙がもうもうと出てくる。いくら無害でも、毎日毎日煙が立ち上れば近所迷惑です。大田区役所から毎日苦情の電話がかかってくるし、機械が故障するとあっという間に廃棄物が溜まってしまう。

　結局3ヶ月ほど稼働しただけで、この機械は諦めました。導入費用7000万円は丸々赤字。完全に私の責任です。「いい勉強だよ」と会長からは言われましたが、赤字分を何とか回収しなければいけない。

　そこで工場長と相談してライスセンターの業務改善を行なって、無駄を徹底的に取り除くことにしました。その結果、電気、ガス、水道その他のエネルギーコストが年間で3500万円削減できることがわかった。社員の皆が必死になって業務の効率化に取り組んでくれたおかげです。

　7000万円の赤字は2年で回収できて、そこから先は毎年3500万円ずつ浮くことになるわけで、まさに「ケガの功名（こうみょう）」でした。

後押ししてくれた会長の言葉

「血のつながったお前が会社を潰しても全然構わない」

常務として玉子屋に入ったときから、私は社長のような立場で仕事をやらせてもらえましたし、当時社長だった会長はすでに会長のような立ち居振る舞いで私の仕事ぶりを見守ってくれました。私から何かを尋ねない限り、「ああしろ、こうしろ」とは一切言わない。

人事や給与を決める権限も最初から私が引き継いだので、人事給与制度も大きく変えました。能力給や成果給を取り入れて、実力主義を強化したのです。

弁当屋ではなく、「三方よし」を是(ぜ)とする会社の一員であるという自覚を持って社員も成長してもらいたい。社員の意識を変えるためには、給与制度を変えたり、人事を動かして、組織を揺り動かす必要があると思っていました。

結果、長い間玉子屋で働いていた社員よりも、入社1、2年の社員やアルバイトのほうが高い給料やボーナスをもらうケースが出てきました。玉子屋の家族主義的な経営に慣れた社員にとってはつらいことだったかもしれません。社員を家族のように思って接してきた会長にとっても。しかし、「人事給与制度を変える」と伝えても、会長は一切口を差し挟まなかった。

幹部社員を前に「これからはコイツの言うことを聞いて仕事してくれ」と私を紹介した初日の夜、自宅で会長から言われたことを今でもハッキリ覚えています。

「俺がゼロからつくった会社だ。血のつながったお前が潰しても全然構わない。気にしないで好きにやれ」

社員の前では言えないことを言われたとき、後光がさし込んだように目の前の景色が明るくなりました。やはり「親父から受け継いだ会社を潰してはいけない」というプレッシャーがあったのだと思います。会長の言葉でそれがすっと消え失せた。

だからリスクをあまり考えずにメニューや人事制度の改革に取り組むことができたし、その結果、食数を大きく伸ばすことができたと思っています。


事業を興すことと、事業を10倍にすること、どちらが大変か？


私は、1997年に玉子屋に入ってすぐに経営を任されましたから、実質的に事業承継してから20年以上が経過しました。玉子屋の創業は1975年。創業社長である会長が玉子屋を率いた年数と同じくらい、二代目の私も社長業をしてきたことになります。

私が玉子屋を引き継いだときの食数は2万食ちょっとでした。それが今や7万食に届くまでになった。当然売り上げ規模も大きくなりましたし、従業員も増えました。「先代を超えた」と言っていただけることもあります。しかし、私にはそんな実感はありません。

創業者はゼロから1を創ります。事業を継いだ二代目は1に上乗せして2にしたり、10にしていく。ゼロから1を創るのと1を10にするのとどちらが大変かという議論がありますが、引き比べることにあまり意味はないと私は思います。

ゼロから1を創るのが得意な人もいれば、1から10にするほうが得意な人もいます。ゼロから1を創るのが得意な人は、1を10に増やすのは不得意かもしれない。あるいは10に増やすのに飽きてしまってまたゼロから1を創りたくなる。事業を立ち上げるのが大好きな人たちはそういうタイプなのかもしれません。

1を10に増やすことは得意でも、ゼロから1を創り上げるのが苦手な人だっている。スタートアップよりも、でき上がった組織を大きくするときに強みを発揮するビジネスマンもいるわけです。

玉子屋の事業に照らして言えば、1975年時点で弁当屋を興して、2万食まで食数を伸ばすことは私にはできなかったでしょう。逆に会長が私と同じタイミングで玉子屋を引き継いで7万食まで伸ばせたかと言えば、絶対に無理だと思います。

　要はお互いの特徴が違うのです。会長は自分より私のほうがずっと優秀だと思ってくれている。もしかしたら90％以上は私のほうが優秀かもしれない。しかし、残りの10％がとてつもなく重要で、会長のカリスマ性と人を惹きつける魅力と器の大きさは、私が逆立ちしても到底敵わない。お互いの長所、短所が違っていることを、会長と私は認め合っています。互いの長所を敬っている。実は玉子屋の事業承継がうまくいった一番のポイントはそこだったのかもしれません。

　時代が変わって、カリスマ的な自分の経営ではいけない。これからは私のようなタイプがふさわしいだろうと会長は判断して、経営者として脂が乗っていたにもかかわらず、私に経営を譲った。自分でもまだできるのに。あえて私に残しておいてくれた部分もあるのでしょう。しかも、未熟な二代目に言いたいことは山ほどあったでしょうが、譲ったからには一切口を出さない。本当にすごいことだと思います。

　引き継ぐ者と引き継がれる者が互いを尊重し合えるならば、事業承継は大方うまくいくのではないでしょうか。

2章　数字で語る玉子屋

1日最大7万食

弁当の注文数は曜日で変化する

玉子屋が1日に製造、提供している弁当の数です。最大で約7万食。7万食に届くのは年に数回で、平均すると1日6万〜6万5000食ほど。

弁当の注文数というのは曜日や日付でかなり変動します。月曜日なら6万3000〜6万8000食。火曜日は6万〜6万4000食。水曜日と木曜日が5万9000〜6万3000食。そして金曜日は多くて6万食。少なければ5万7000食ぐらい。週によっては月曜日と金曜日で1万食も違ってくるのです。

月曜日が多いのは、やはり土日にお金を使った後で、「週の初めは贅沢しないで弁当にしておこう」という人が増えるからでしょう。対して金曜日は午後からお客さんのところに行って直帰するとか、午前中だけの勤務で帰りがけに外で昼食を取るとか、サラリーマンが外出する比率が上がります。有給休暇を取るにしても金曜日に取って3連休にするケースが多い。だから金曜日は注文が減って食数が落ちる。

日付も関係します。いわゆる五十日（ごとおび）は決済日で請求書や領収書など社内での書類仕事が多くなるので、弁当の注文が増える。給料日は25日、30日など月末に設定している会社がほとんどですから、20日を過ぎると食数が少し伸びる。給料日前でお小遣いが底を突いてきて、ランチを節約する人が増えるからです。給料日を過ぎればランチにちょっと贅沢する余裕ができるから、弁当の注文は少し減ります。

それから天候も左右します。雨の日に昼食を外に食べにいくのは面倒です。だから弁当で済まそうという人が多くなる。したがって給料日前の月曜日、天候は雨、そして弁当の中身が人気メニュー、といった条件が揃ったときには７万食に届くわけです。

東京ドームの収容人数は約４万６０００人。コンサートなどのイベントでは５万人を超えるそうですが、１日７万食ということは超満員の東京ドームのお客様に配っても食べ切れないくらいの弁当をつくっていることになります。

大手のコンビニ弁当や全国展開している弁当屋チェーンの販売数とは比較になりませんが、お客様からの注文を受けて調理した弁当をお届けする宅配タイプの「仕出し弁当」としては、１日７万食は恐らく日本屈指の食数だと思います。

玉子屋の弁当の配達エリアは東京23区のうち15区、大田区、江東区、品川区、渋谷区、台東区、中央区、千代田区、文京区、港区、目黒区、江戸川区、新宿区、墨田区、世田谷区、中野区の一部。東京23区外では神奈川県の川崎市（中原区、幸区、川崎区の一部）と横浜市（鶴見区、西区、中区、磯子区、神奈川区、港北区、金沢区の一部）です。

契約している事業所は約５０００社。配達ポイントは都心のオフィスや工場、官庁など1万ヶ所に上ります。毎日朝９時から10時半までの1時間半で契約会社からの注文を受け、昼の12時までに弁当をお届けする。お客様の貴重なランチタイムを無駄にしないように、12時のタイムリミットを厳守するように心がけています。

炊飯とおかずづくり

パート、アルバイト含めて従業員約６００名の中小企業が、１日最大７万食の弁当をどうやってつくっているのか。不思議がられることも少なくありません。

玉子屋のメニューは日替わり弁当の1種類だけ。当日受注、当日配送で最大７万食の注文に応えられる大きな理由の一つはここにあります。１種類だから大量につくれるし、製造コストも下げられる。その分、いい材料を使えるから、弁当のクオリティを高めることができます。

弁当を製造しているのは東京都大田区にある工場（第1工場、第2工場、ライスセンター）です。

朝、コロッケなどの箱を空けるだけで1時間かかるとか

前の日に下拵え（したごしら）えしておく部分もありますが、弁当工場が稼働するのは基本的には午前4時から。2時に10人くらいのスタッフが出社して材料の確認、検品等を行ない、料理の下準備をします。そして4時になると調理・炊飯担当のスタッフ約50人が出社してきて調理を始めます。

12時までの配達に間に合うように6〜7万食という大量の弁当をつくれるもう一つの理由は機械化。機械を導入して自動化、効率化を図っているからです。

調理には早い段階から機械を導入して、野菜カット、揚げ物、焼き物など、さまざまな作業に機械を使っています。おかずに限って言えば、機械化したおかげで3時間足らずの間に本社の第1工場で5万食、第2工場で2

１人前ずつ自動でごはんが盛り付けられる飯盛機

万食、合計で最大7万食をつくることができます。
ご飯はスイッチを押すだけで洗米から炊飯までを自動的にこなす炊飯器で炊き上げています。ライスセンターでは1時間に1万8000食のご飯が炊けます。これはコンビニに弁当を卸しているベンダーの炊飯センターと同じ規模で、24時間動かせば30万食をつくれる機械です。しかし玉子屋では1日3〜4時間の稼働という贅沢な使い方をしています。

熟練のワザ、超高速のおかず盛り付け

朝4時に調理・炊飯スタッフが出社してきた時点では、当然その日の注文はまだ1件も入っていません。契約している会社から注文が入り出すのは午前9時以降です。ているということは実際の注文数がわからないまま、調理・炊飯スタッフはおかずやご飯をつくり始めていることになります。

もちろん、適当につくっているわけではありません。前日にスタッフたちが検討して翌日の見込み数を割り出し、まずはその見込み数分をつくり始めるのです。前述したように見込み数は日によって数千食程度の差がありますが、現状、毎日5万5000食を下回ることはありません。

1分間に100個おかずを盛り付けられるという

さて、炊き上がったご飯は蒸らした後に飯盛機で各ライスボックスに自動的に盛られます。最初のご飯がライスボックスに盛られるのは大体午前6時30分。お客様が食べる頃には冷え冷えとしたご飯になっていそうですが、保湿効果の高い発泡スチロールの箱で運ぶので、昼まで温かさが保たれます。

一方、おかずの盛り付けは機械ではできないので、手作業で弁当箱に盛り付けます。最初にでき上がったおかずの盛り付けが始まるのは午前6時30分。6時に出社した盛り付け担当のスタッフによって、流れ作業で手際よく盛り付けられていきます。

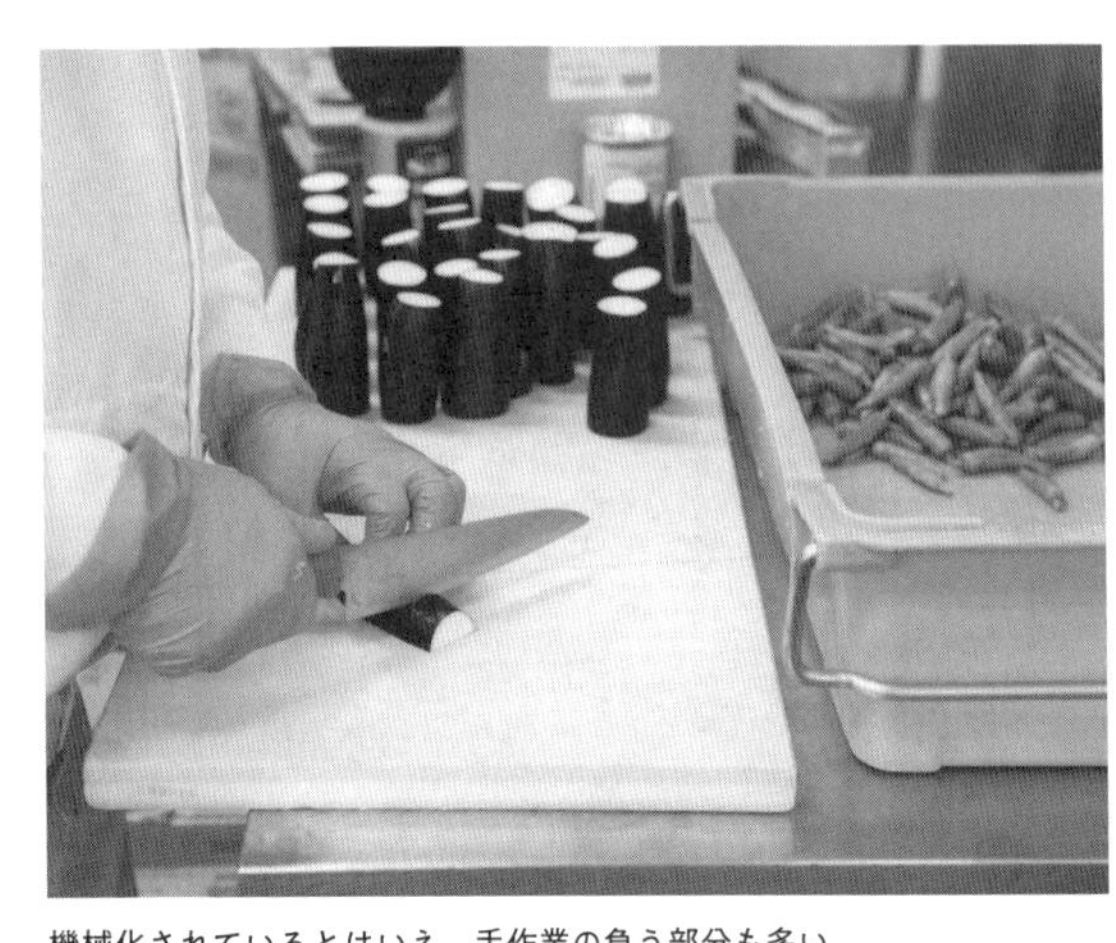

機械化されているとはいえ、手作業の負う部分も多い

おかずを詰める弁当箱が流れてくるレーンは3列。コンビニ弁当などの弁当工場は1、2列が一般的です。つまり玉子屋の工場ではほかの弁当工場の2倍、3倍の弁当が一度に流れています。しかも流れてくるスピードも恐らく一般的な弁当工場の倍以上の速さ。ある意味では、それだけの量と速さに対応しておかずを盛り付ける技術が玉子屋の一番すごいところなのかもしれません。

盛り付け作業は全体のリズムが大切なので、3つあるレーンは熟練度でスタッフが分けられています。言ってみれば一番熟練度の高いレーンがメジャーリーグで、以下はマイナーリーグ、さらにその下のルーキーリーグという具合。熟練度が上がるとメジャーリーガーになって、当然、時給も上がるわけです。

盛り付け担当のメジャーリーガーに若い従業員はいません。20年、30年前から玉子屋で盛り付けの仕事をしてきた近所のご婦人が多い。もしかしたら、東京大田区に脈々と流れ

電話さばきもすごいが、飛び交う数字の集計がすごい

てきた町工場の気質、手先の器用さというものがあって、素早く正確におかずを盛り付ける手技にも通じているのかもしれません。

1レーンで1分間に盛り付けられる弁当の数は平均100個。それが3レーンあるから、1分間のマックスは300個。10分で3000個、1時間で1万8000個つくれる計算になります。ということは3時間あれば5万個は楽にクリアできる。

このようにして見込み数分のご飯とおかずを午前9時30分くらいまでに準備します。その間も天気や注文の状況などを見ながら、適宜材料を追加注文して、追加分のご飯とおかずをつくっていくのです。

注文受け付けと追加注文

見込み数の弁当ができ上がった頃、各契約会社からその日の弁当の注文が電話、ファックス、インターネットで入り始めます。午前9時までに出社して注文の受け付けを担当するスタッフは約90名。全員が女性です。

会社には電話100台、ファックス70台が備えられています。9時過ぎから騒然となり、9時30分から10時30分にかけてはひっきりなしに電話が鳴り続けて、スタッフはひたすら受け付け対応に追われる。ちなみにネット注文は全体の1割程度です。

配達ルートは電話がかかってくる番号でわかるように設定してあって、スタッフたちは配達の班ごとに担当を持っています。しかし、実際に電話が鳴り始めるとそんな悠長なことは言っていられません。とにかくかかってきた電話に出て、注文を取っていく。

一度受注した後で変更が入ることもしばしばあります。迅速かつ正確に注文を受け付けるのがオペレーター業務の基本です。

電話スタッフが受けた注文は、ルートで分かれた班ごとに集計していきます。集計をとりまとめるスタッフは時々刻々と入ってくる注文数と前日に出された見込み数を比べて、その日の注文数がどれくらいまでいくのかを見極める。

各社からの注文数を集計して、予定した数より多くなりそうであれば、待機している調理・炊飯スタッフに追加の連絡を入れていく。天気などから判断して、場合によっては注文が入る前から追加を出していくこともあります。

できあがったお弁当を積み込み、遠距離地区は８時に出発

　玉子屋では食品ロスを出さないために少なめに材料を仕入れて、見込みの数の弁当をつくっています。同じくロスを少なくするため、よほど大幅に注文数が見込み数を上回らない限り、追加は細かく、何回にも分けて入れていく。通常は数百食単位で追加を出しますが、１００食単位になることもある。

　必要な材料は15分～30分で届くシステムになっていて、短時間での大量生産をバックアップしています。なお、おかずの追加は20分あれば対応できるのに対して、ご飯は炊いて蒸らすのに40分はかかるため、やや多めの見込みで炊かざるを得ません。

　こうして朝から何度もおかずやご飯の追加分をつくっていきます。最後の追加が入るのは午前10時30分頃。この最後の注文でおかずは午前11時少し前に、最後のご飯は11時10分に炊き上がって、1日の弁当づくりは終了します。

12時必着&配達ポイント1万ヶ所

注文した数分後に弁当が届くこともある理由

玉子屋の弁当の配達エリアは新宿・渋谷・恵比寿方面、五反田近辺、大森・品川をつらぬく両サイドの国道15号方面、芝浦から銀座方面、大田区から川崎方面、城南島・京浜島・平和島などの工業地帯、皇居の東側、西葛西からお台場方面、そして横浜方面と、大きく9エリアに分かれています。

この9のエリアを20の班が担当して配達します。配達コースは全部で約160コースあります。

配達用のワンボックスは約185台。約200人の配達スタッフが担当しています。

かつては全員男性でしたが、最近は女性の配達スタッフの活躍も目立ちます。

各班の班長はいわば玉子屋の子会社社長のような存在。それぞれに大きな責任と権限が与えられています。それぞれの班の配達が順調にいくように自分たちで工夫して班のスタッフに指示し、ときにはほかの班と協力して、昼の12時までにお客様の元に弁当を確実に届けることを最優先に仕事をしています。

最大7万食もの弁当をどうやって昼の12時までに都心の1万ヶ所に届けるのか――。これは一番よく尋ねられる質問です。

前述したように契約会社からの発注は当日の9時頃から始まります。一度注文した後で訂正が入るケースもあって、結局、注文が全部揃うのは午前10時半頃になる。当然のことながら、全部の注文が出揃ってから配達に取りかかっていたら、12時までに全部の会社に弁当を届けることはできません。

ではどうするか。

新宿、葛西、江東界隈など遠方のエリアを担当する班の配達車は、注文がまだ入っていない8時くらいの段階で見込み数の弁当を積み込んで出発してしまうのです。

その後、中距離車、近距離車が順次出発してゆき、10時頃にはほとんどの配達車が出て

一斉に出発すると渋滞してしまうため、時間差、別ルートで出発

ゆきます。そして10時以降、調整車がおいおい出てゆくのです。

遠距離地区担当の配達車は、目的地に9時30分から10時頃には到着して待機する。各車には事務所から各オフィスの確定注文数が随時連絡されます。配達スタッフはそれを確認して、遠距離地区の配達車は10時過ぎから各オフィスに配達を始める。

したがって、ときには注文からわずか数分後にオフィスに弁当が届くこともあります。

わかってみれば納得かつ効率のいい配達法

見込み数で出発する遠距離地区の弁当は、当然、余ったり、足りなかったりします。実際の注文数が確定した後、過不足分の調整はどうするのか。

その分は遠距離地区よりも遅れて出発する中距離地区の配達車との間で調整するのが基

本です。中距離地区の配達車が出発する段階には、注文数はほぼ決まっています。

そこで遠距離地区の配達車と中距離地区の配達車が待ち合わせて、遠距離地区の配達車の余剰分を中距離地区の配達車に積み替えたり、あるいは遠距離地区の不足分を補います。同じように中距離地区の配達車の余剰分や不足分は大田区周辺の近距離地区の配達車に積み替えていく。こうすれば配達の時間のロスも最小限で済みます。遠距離地区から確実に弁当を配達しながら、近距離地区で弁当の調製を行うわけです。

さらに遠距離車、中距離車、近距離車では調整できないような場合に備えて、「調整車」という弁当の補足分を積み込んだ車を12台、準備しています。

配達員が弁当の数を間違えて積んでしまったり、連絡ミスや行き違い、急な注文の変更など不測の事態に備えるためです。数が合わなくなった配達車は調整車と待ち合わせて、弁当の受け渡しをします。

配達車の動きを大まかに説明するとこのようになりますが、実際は各配達車同士が携帯電話で連絡を取り合って臨機応変に調整しているので、配達車の動きはかなり複雑です。

搬入ルートや弁当の置き場所など配達先のオフィスの都合もあるので、各配達車との綿密な連絡が必要。したがって、基本的なルートはあるにしても、その日その日で臨機応変に動かなければなりません。玉子屋の業務の中でも決してマニュアル化できない部分だと思います。

最後の調整車が玉子屋を出発するのは11時20分。遠距離地区への配達はよほど大きなトラブルがない限り、中距離地区と近距離地区で調整しながら配達が進んでいき、12時にはすべてのオフィスに弁当が届けられます。

弁当の配達に特段のハイテクはありません。使っているとすれば車と携帯電話だけ。昔ながらのローテクですが、ルートを工夫して、リレーションシップを突き詰めていけばここまでできる。逆に言えば、今は大変なことができているから他社から抜きん出ているわけです。そう遠くない将来、自動運転車とＡＩ（人工知能）の組み合わせがこの配送システムに取って代わる時代がやってくるとは、正直、まだ想像できません。

しかし、技術の進歩は加速します。どんな時代がやってきても対応できるように、先取りして備えておかなければいけないと思っています。

原価率53％

玉子屋の弁当を注文するには

現在、玉子屋の弁当はご契約いただいている約5000社1万ヶ所のオフィスにお届けしています。大きな企業からは1日1000食といった注文も入ります。

テレビや雑誌などで取り上げていただく機会が増えたことで、電話やインターネットなどで初めてのお客様からお問い合わせをいただくケースが増えました。

しかし大変申し訳ありませんが、玉子屋では初めてのお客様から注文をいただいても、すぐに配達するということはしていません。

お取引を始める前に、1週間ほどかけてこちらで検討させていただいています。

お申し込みをいただくと、必ず玉子屋の配達・営業担当者が出向いて、どういう場所にオフィスがあって、我々の配達ルートのどのあたりになるのかなどをチェックします。そして毎日、どの程度の量の弁当を注文していただけるかなどを総合的に見て、「無理なく配達できる」と判断したら、お取引を始めさせていただきます。

取引開始の判断基準は必ずしも注文数の多さではありません。原則として玉子屋では10食をご注文の最小単位とさせていただいています。しかし、たとえば小さなオフィスで1日5食程度の注文しか出ないとしても、その会社がオフィスビルの中に入っていて、ほかからも注文がいただけるようであれば、お引き受けすることもあります。

配達ルートからかなり外れていて、注文数が10個未満の場合はお断りしています。すべてをお引き受けすると、配達効率の悪いところが出てきます。

そのために人件費が余計にかかって弁当の質を落とさなければならなかったり、1社1社へのサービスが十分にできなくなってしまうかもしれません。現在の弁当のクオリティを保てるか、今お取引いただいているお客様へのサービスがそのまま提供できるかを第一に考えて、決めています。したがってお取引いただくまでに少々お時間をいただくことになりますが、一度取引を決めたお客様に対しては最高の弁当、最高のサービスを提供できるように最善を尽くしています。

原価率が高いのに、どうやって利益を出すか

玉子屋の日替わり弁当は450円。その原価率は2017年で53%前後。つまり、1食にかける材料費は238円50銭ほどです。これは純然たる食材費で、容器代や物流費、人件費などは含まれていません。

弁当屋の業態や弁当の種類などによって原価率は違ってきますが、良心的な弁当屋でも

40〜42％ぐらいが普通だと思います。

50％オーバーの原価率を維持するというのは創業者である菅原勇継会長が決めた、いわば「玉子屋の心意気」のようなものです。お客様に満足していただける弁当をつくるために、お客様の期待を絶対に裏切らないために、可能な限り仕入れにお金をかける。「原価率を下げて利益を上げたって、半分は税金で持っていかれる。だったらお客様と社員に還元しろ」というのが会長の考え方。私も大いに賛同して、会長の考え方を引き継いでいます。

実際、６万食を超える大量の弁当をつくっていれば、１食の原価をもっと安くすることは可能です。しかし玉子屋では原価を下げるよりも、大量仕入れによってよりよい食材をリーズナブルな値段で調達すること、そしてご飯とおかずの質を高めることに力を入れてきました。

そんなに原価率を高くしてどうやって儲けているのか。これもよく聞かれることですが、答えは簡単明瞭です。材料費以外のコストを切り詰めることです。

たとえば玉子屋の弁当箱は使い捨ての容器ではなく、回収して繰り返し利用できるリターナブル弁当箱を使っています。

前述したように、おかずを盛り付けるスピードが他社の倍以上早いというのは、それだけ製造現場の効率化が図られているということです。どこかの総研にでも調査分析を依頼すれば、最大7万食の弁当をつくるためには現状の玉子屋の3倍以上の敷地と設備と人員がないとできないという答えが返ってくると思います。

配達担当スタッフが配る弁当の数は一人当たり350～450食で、これも同業他社の倍です。並行して配達担当者が新規顧客の開拓や、お客様から弁当の感想や競合他社の動向を聞き出す営業活動も行なっている。玉子屋には営業部というセクションはありません。詳しくは後述しますが、配達スタッフが営業マンであり、マーケティング担当でもあるのです。

設備にしても人材にしても、会社の資源を効率的に活用する。無駄を少しでもなくしていく。それが利益の源泉であり、仕込みにお金をかけられる理由であり、玉子屋の弁当の美味しさの理由なのです。

玉子屋のメニューは仕入れ優先ではない

玉子屋では取引のあるオフィスに月2回、それぞれ2週間分の献立をお知らせしています。メニューはバラエティに富んでいて、品目が多い。おかずと付け合わせが毎日7～8種類入っています。主菜は魚と肉の両方が毎日入っています。同じ主菜がひと月の間に登場することはまずありません。同じ料理の場合でも味付けを変えるなどして、飽きさせない工夫をしています。

普通、弁当屋がお客様に配る献立表は1ヶ月分が一般的です。献立表を配る手間はもちろん、調理の観点から言っても、1ヶ月分のメニューを決めてしまったほうが作業としてはずっと楽なのです。

そこをあえてリードタイムを短くして2週間ごとにメニューをお渡しししているのは、ギリギリまでよりよい食材を探し求めているから。

突然、極上の食材が手に入ることもあります。1ヶ月のメニューを決めてしまっていては、そうした急な変更に対応することができません。お客様に少しでも美味しいものを食べていただきたいから、玉子屋では2週間単位で献立を考えているのです。

一般的には仕入れ優先で、食材が安いことを確認してからメニューを決めている弁当屋が多いと思います。しかし、玉子屋は違います。お客様に喜んでいただけそうなメニューを2ヶ月ぐらい先まで考えて、それに対して仕入れを行います。

よりよい食材を手に入れるため、玉子屋では取引する食材業者を固定していません。このため、玉子屋には毎日のようにさまざまな食材業者が売り込みにやってきます。

たとえば魚の業者が塩焼きにした魚の切り身を持ち込んでくると、私や仕入れ担当の部長などが試食する。味のよしあしはもちろん、その魚に向いている調理法などを想定し、弁当に使えそうだと判断したら値段交渉に入ります。

食材業者を固定したほうが楽な部分はあります。長期の契約を結べば、さらに大きな値引きが得られるかもしれない。しかし、そのときそのときの一番よい食材を手に入れるために、業者を固定せずに全国各地の業者と取引しているわけです。

食材の選定は常にシビア。特に値段交渉では厳しいやり取りになる。どんなにいい食材でも、高過ぎたら弁当のメニューにできないからです。

食材の仕入れは世界各国から

食材の調達は日本全国、世界各国から行なっています。と言っても大手企業のように自前の調達部隊を抱えているわけではなく、仲卸しの業者などに仕入れを委託しています。

たとえば野菜の仕入れを委託している業者は沖縄から北海道まで日本全国の生産者を知っているので、季節ごとにベストな野菜を産地から直接買い付けてくる。玉子屋のメニューの内容も使う野菜の量も事前にわかっているので、そこから逆算して食材を買い集めて納品してくれる仕組みになっています。同じキャベツでも沖縄から北海道まで産地が徐々に北上していくので、「今日使っているキャベツは愛知県豊橋産」などとホームページ上で産地を紹介しています。

普通、収穫したキャベツは集荷場や市場を経由して1週間ぐらいでスーパーなどの店頭に並びます。しかし玉子屋では流通をカットして産地から直接買い付けますから、収穫したキャベツが3日後には弁当に使われる。市販の日替わり弁当で千切りキャベツが入っていることはあまりありませんし、お飾り的に入っていても水分が抜けてしなびていることが多いのですが、玉子屋の弁当の千切りキャベツは昼になってもまだシャキシャキとしてみずみずしい。鮮度がいいからです。

野菜の仕入れを委託している業者は漬物工場も持っているので、白菜や小松菜などの一夜漬けもつくってもらっています。採れたて野菜の一夜漬けが朝イチに納品されて、その日のうちに弁当に使われています。

肉に関してはもともと玉子屋に肉を卸していた業者が廃業することになって、そこの跡取りが玉子屋に社員として入社しました。

彼は肉の産地や流通ルートをよく知っているので、肉の仕入れ部門を任せています。同時に、本社に肉専門のカット工場をつくりました。日本国内だけではなく、世界中から良質な豚肉や鶏肉を仕入れてきては、肉専門のカット工場でメニューに合わせて肉をカットしたり、スライスして調理の下拵えをしています。

野菜も肉も、とにかく流通をカットし、直(じか)に買い付けるようにしているので、コストダウンができるのです。

魚はメインで取引している食品問屋(卸し)が3社あって、そこを通じて仕入れています。魚の場合、物流を確保したり、衛生管理を徹底したり、自前のカット工場を持って加工したりすると、かえってコスト高になります。直接仕入れるよりも間に業者を噛ませて、カットの仕方などを指示して加工までしてもらったほうがリーズナブルだという判断です。

たとえばあるとき、福岡の漁港でサバが30トン揚がったという情報が入ったときには、業者に依頼して現地に買い付けに行ってもらいました。買い付け資金は現金前払い。本当にいい食材があればそういうこともあります。

海洋汚染や乱獲の影響で、日本近海では美味しい天然の魚はなかなか獲れなくなり、国産魚だけで弁当の食材を賄える時代ではありません。チルドなどの保存技術、輸送手段も発達している昨今、玉子屋では世界中から美味しい魚を厳選して買い付けています。

玉子屋の弁当は魚の種類が多いとよく言われます。お弁当の魚といえば、鮭、サバ、アジくらいだと思いますが、玉子屋では鮭（チリ・ロシア）、アジ・サバ（ノルウェー）、ホッケ・赤魚（ロシア・アメリカ）、カレイ（アラスカ）、サワラ・黒ムツ・タチウオ（ニュージーランド）、サンマ・ブリ（北海道、長崎）、タラ（ノルウェー）、マグロ（ベトナム）、イカ（ペルー）などが切り身に使われています。

スケールメリットで原価を抑える

450円の弁当にどうしてこんなに質のいい食材が使えるのか。

食品のプロが玉子屋の弁当を口にすれば、美味しさはもちろん、食材の質の高さにすぐに気づくと思います。

玉子屋が食材にお金をかけられる最大の理由は、1日最大7万食という食数にあります。

つまり、規模の大きさ、数量の多さという強みです。最大7万食の食材を大量に仕入れることによって、大幅な値引きが可能になる。

2万食、3万食、5万食と弁当の注文数が増えるにしたがって、食材をよりリーズナブルな値段で買い付けられるようになりました。バラエティに富んだおかずが提供できるようになったのも、一つひとつの食材の単価が下がったおかげです。

たとえば定番メニューであるコロッケ。人気の高い牛肉コロッケや北海道ジャガイモコロッケ、グラタンコロッケなどは、ナショナルブランドの冷凍食品をつくっている日本の食品メーカーと共同開発した、いわば玉子屋のプライベートブランドです。

月イチでメニューにコロッケを入れるとして、玉子屋が1ヶ月に使うコロッケは最低でも6万個。冷凍食品は賞味期限が長いので5ヶ月分ぐらいを買い付けますから、一度に30万個のコロッケを仕入れることになります。

これだけの量になるとこちらの要望に添ったプライベートブランドとしてつくってもらえるし、値引き幅も大きくなる。

同じようなコロッケをほかの弁当屋が一個30円で買っているとすれば、玉子屋は25円で買えます。大手の弁当屋でも1日の食数は3000〜5000食程度です。コロッケの原価が20円として10円乗せて30円で５０００個売ってもメーカーの利益は５万円。

玉子屋の場合は25円で１個の利益は５円しかなくても、６万個ですから30万円。５ヶ月分の30万個なら１５０万円。冷凍食品メーカーからすれば、玉子屋に25円で売ったほうが利益になるのです。

ほかの弁当屋は玉子屋より高い値段で仕入れていながら、原価率は40〜42％程度。玉子屋は安く仕入れて原価率が53％ですから、原価率の差以上に実質的なクオリティには開きがあると思います。53％という玉子屋の原価率は、ほかの弁当屋なら原価率60％ぐらいに相当するのではないでしょうか。

食材のスペックをこちらで決められるのも食品メーカーとの共同開発の強みです。

たとえばエビフライ。スーパーで売っているエビフライもレストランで供されるエビフライも、大体衣が60〜65％で、中身は35％ぐらいです。

それ以上衣を薄くすると揚げるときに衣が破れたり、中身が折れたりして、不良品がたくさん出てくる。つまりロスが出るわけです。

しかし、やはりエビフライの衣は薄いほうが食感がいいし、エビの存在感が際立ちます。

そこで玉子屋では衣50％、中身50％という限界ギリギリのスペックでつくってもらっている。このようなお客様のためのわがままが利くのもスケールメリットと言えるでしょう。

実は一番のこだわりは米

玉子屋の弁当というと品数豊富で彩りもいいおかずに目が向きがちですが、何よりこだわりを持っているのは実はご飯です。

「何だかわからないけど、玉子屋の弁当が一番美味しい」と感じているお客様がいらっしゃれば、それは本人が気づかれていないだけで、きっとご飯が美味しいからだと思います。どんなにおかずが美味しくても、ご飯がまずいと箸は進まない。でもご飯が美味しいとおかずがイマイチでも箸は進みます。

弁当にとってご飯が美味しいことは決定的に重要なのですが、そのことに気づいていない経営者が多いと思います。おかずは一見豪華でも、ご飯が残念な弁当がどれだけ出回っていることか。

弁当屋がご飯にこだわるには勇気と覚悟が要る。ちょっと大袈裟(おおげさ)なようですが、間違いありません。なぜなら、ご飯は弁当に毎日入る食材だから。当然、原価に占める割合は大きく、いい米を使えば原価率は上がります。

逆に、一番コストカットしやすい部分とも言えます。玉子屋で使っている米のレベルを、「多分、お客様の7割は気づかないだろう」程度に下げただけで、年間7000万円から1億円は利益がアップする。

しかし、日本人の食の基本であり、弁当の主役であり、嘘をつかない食材だと思っているので、私は米にはこだわりたい。だから毎年、米の仕入れの時期になると慎重に慎重を期して米を選びます。前年の米に負けないレベルのものを、これ以上払ったら赤字になるというギリギリの値段で買っているのです。

私が玉子屋に入る前に勤めていた会社は全国の米屋のコンサルティングをしていて、私も日本全国の米を食べ歩きました。特A地区の銘柄米だけではなく、知られざる隠れたブランド米も発掘してきました。だから、米の卸し業者には私が指定した銘柄の米を入れてもらっています。

「ご飯を比べてください」

玉子屋が営業をかけるときの強力なセールストークです。

2017年も新米の値段が10％上がって、これで3年連続の値上がりです。当然のことながら玉子屋の利益を圧迫します。でも歯を食いしばって、ほかの部分でカバーするしかない。

他社は恐らくそうはいかないから、安い米を使うはずです。ということはお客様にご飯の違いをしっかりアピールできれば、玉子屋が勝つ確率は上がる。利益率は下がっても、弁当の質は他社より上がるわけですから。

いくらいい食材を仕入れていると言っても、偽装のリスクは常につきまといます。今でも時折、食品偽装事件が発覚しますが、食品業界の偽装体質はそう簡単に拭い切れるものではありません。

私は人は信じますが、食材に関しては基本的に性悪説で考えることにしています。どんなによい業者と付き合っていても、途中から食材の質が落ちてくることがある。業者の社長が誠実な人だとしても、担当者が質を落とす可能性もあります。意図的ではなくても、海外の業者に委託したりした結果、規格外の食材が入ってくることだってある。ですから常に食材のチェックは欠かせません。

米にしても10年ほど前から品種のＤＮＡ鑑定ができるようになったので、定期的に実施していますし。「銘柄、大丈夫だよね。ＤＮＡ検査やっているからね」と釘を刺しておけば、業者もそうそうおかしな米を持ち込めません。

廃棄率0・1％

玉子屋の廃棄率は一般の30分の1

環境省と農林水産省の２０１５年度の発表によれば、日本国内で１年間に発生した食品廃棄物の量は約２８００万トン（前年度は２７７５万トン）。

日本の食品廃棄量は世界トップクラスで、約２８００万トンという数字は日本の食料消費全体の３割に当たります。このうち売れ残りや食べ残し、期限切れなどで食べられるのに捨てられる、いわゆる「食品ロス」は年間で６４６万トン（前年度は６２１万トン）以上もあるそうです。

食品ロスを含む食料廃棄物の削減は地球規模の食糧問題、環境問題と深くかかわる社会的なテーマであり、我々の業界も積極的に取り組まなければならないと思います。

そもそもせっかくつくった弁当が売れ残るということは、ロス（損失）が出るということです。普通の消費材なら在庫で抱えておくこともできますが、食べ物はそうはいかない。廃棄処分しなければなりません。

牛や豚などの飼料にしてもらうためにリサイクルに回す食品廃棄物の廃棄料は1キロで45円程度かかります。つまり、売れ残りはただのロスでは済まなくて、余計な廃棄コストがかかる。さらに利益が削られるわけです。

したがって経営の観点からもロスを出さないことが非常に重要になってきます。

玉子屋の弁当のロス率、つまり廃棄率は平均で0・1％です。6万食の弁当をつくって、余るのは60個程度。弁当屋の一般的なロス率は3％と言われますから、玉子屋の廃棄率は驚異的に低い。

玉子屋の廃棄率はなぜ低いのか。

その最大の理由は前日に決定する翌日の弁当の見込み数にあります。前日に見込んだ数が実数に近ければ近いほど、追加でつくる量も減るし、ロスは少なく、作業は楽になる。逆に読み間違えば、修正作業に追われます。

致命的なのは極端に多く見込み数を出してしまうこと。注文数より多い分はすべて余ってロスになる。幸いにして玉子屋では見込みが実数を上回ることは年に数えるほどしかありません。

プロのワザ「見込み」をＡＩがこなす日はくるか

実数に近くなるように、見込み数を割り出すのは難しい作業です。

基本は前日に取引先を回った配達担当のスタッフが各自判断した予想数の合計です。これに天気や曜日、日程、メニュー内容などのファクターを加えて、最終的な見込み数を決定する。

そのため配達スタッフは日頃から各契約会社の担当者と密なコミュニケーションを取るように努めています。使い捨て容器ではなく、回収して再利用するリターナブルの弁当箱を使っていることが、実はここで一役買うのです。

弁当を配って終わりではなく、食べ終わってから回収するわけですから、単純に接点が倍増します。

「明日は会議が多くて会社に残っている人が多く、営業の社員も社内にいる」

「大きな販促イベントがあって、外に出る社員が多い」

弁当の回収時に各社の情報をさりげなく聞き出す。それが弁当の見込み数を決定する上で大事な役割を果たします。

天気も弁当の数を左右する重要なファクターです。天気がいいと外に食べに出る人が増えるので、弁当の注文数は減る。逆に大雨が降ったときや極端に寒い日、暑い日は注文が増える。

曜日によっても傾向が違うし、給料日前か後か、連休前か連休後かでも違います。給料日前や連休後は懐（ふところ）具合が寂しくなるので注文が増える。給料日後はちょっと贅沢しようと外食する人が増えるので、注文がやや減ります。

また当日のメニュー自体も見込み数に影響します。玉子屋の献立には納豆が加わることがありますが、そういう日は関西系の会社では注文がぐんと下がる。

このような要素を加味して、製造工場の工場長が明日の弁当の見込み数を割り出します。実数に近い見込み数の算出法を方式化するのは非常に難しい。これはプロのワザと言っていいと思います。AIを使い、大量のデータの中からある情報を発掘する、いわゆるデータマイニングでどこまで正確に割り出せるか、試してみたいものです。

お弁当の食べ残しから見えるもの

配達スタッフが足で稼いでくる各社の情報はマーケティングの上でも貴重です。

弁当箱を回収する際に「今日のお弁当いかがでしたか？」と担当者に一声かければ、「〇〇が美味しいと評判だったよ」とか「今日は味付けが濃かったみたい」とか、「近頃、ちょっと揚げ物が多いね」とか、反応が返ってくる。

毎日ではありませんが、紙ベースで「今日は皆さんにアンケートを取らせてください」とお願いすることもあります。「今日の弁当は？」というご感想から玉子屋の弁当へのご要望まで、直接、お客様の声を集めて、今後のメニュー改善につなげていく。

実際に回収した弁当箱の食べ残し調査もしています。すると、担当者から聞き出した評判とアンケート結果と食べ残しの調査結果が、必ずしも一致しない。この「一致しない」ということがマーケティング的にとても重要だったりします。

コンビニでも総菜屋でもケーキ屋でも、お客様がやってくる店舗の場合、レジを通る瞬間に買った商品と見た目で「20代女性」という程度の情報しか得られません。買った商品の何を美味しいと思ったか、同じ商品を買いにくるかこないかもわからない。

我々の場合、まず担当者レベルでたとえば「もうちょっとヘルシーなメニューにして欲しいという声が多いんです。『揚げ物を減らして』とか。そうすれば注文がもっと増えると思います」という声が返ってきます。

しかし、実際にアンケートを取ってみると、一番入れて欲しいメニューは「ハンバーグ」で、一番入れて欲しくないメニューも「ハンバーグ」という結果が出たりする。

さらに回収した弁当を調査すると、揚げ物やハンバーグの日は食べ残しがほとんどなくて、かえって和食の日は食べ残しが多かったり、食数が減ったりする。

つまり、担当者の声とアンケート結果と食べ残し調査の結果が全然違うのです。

これはどういうことかといえば、人間の心理特性で、こうありたいと思うことと違う行動を取る場合が多い。

「あ~あ。和食なら3分の1は残すのに、揚げ物だからつい全部食べちゃった」という人もいるわけです。あるいは揚げ物メニューだと剝がした衣の食べ残しがあったりします。本当は全部食べたいけど、太りたくないから油の多い衣を剝がして食べる人もいる。

そういう心理をどう読み解いて、メニューに反映して、お客様の満足度を高めていくか。

弁当箱から見えてくるものと口頭の情報とどちらが大事かという問題もあります。

弁当箱の中身が真実だと決めつけて、担当者がわざわざ教えてくれた要望を無視すれば

「玉子屋は我々の言うことを聞いてくれない」と思うかもしれない。

いずれにしても、リターナブルの弁当箱を使って回収しているからこそ見えてくる情報があり、それがメニューの改善や見込み数の精度アップにつながり、その積み重ねが０・１％という廃棄率に結実しているということです。

ロスを出さない仕組み

ロスを出さない秘訣は当日のオペレーションにもあります。

なぜ廃棄率が０・１％になるのかといえば、前日の見込み数に対して少なめに弁当をつくって、足りない分を後からプラスしてつくるからです。

たとえば「明日は６万食出る」と読んだら、５万７０００食分の材料を仕入れる。玉子屋は在庫を持たないので、夜中の０時に材料が届きます。

未明に弁当づくりが始まって、午前９時30分までに５万７０００食ができ上がるようなペースで弁当をつくる。

一方、９時から始まった注文受け付けを10時30分に締め切ったら、最終的に６万１０００食になったとしましょう。業者に連絡して４０００食分の材料を追加注文すると、15～

30分で材料が届きます。

調理して盛り付けしている間に、それまでに出払っている配達車が持ち出している弁当の数と不足している数を計算。遠距離、中距離、近距離の配達車同士で受け渡ししながら、最終的に追加分の4000食を積み込んだ調整車を出発させて、近距離地区の不足分を補います。すると結果的に12時までにすべての弁当が届けられる。

見込みで少なめにつくっておいて、注文確定後に不足分を後から追加でつくるわけですから、基本的にロスはゼロになるはず。それでもオペレーターが注文数を聞き間違えたり、運んでいる間に突風が吹いて弁当を積んだケースが倒れるようなアクシデントもあります。

年々難しくなる「見込み」の読み

台風が来ると見込み数の割り出しは難しくなります。

台風が来ても電車が動いていれば、基本的に食数は増える。電車に乗って出社したものの、「外回りはやめよう」ということで内勤が増えますから。5%ぐらいは増えるので、1日6万食とすると3000食は多めにつくらなければならない。

ところが2017年に首都圏を台風が直撃したある月曜日、「明日は食数が伸びる」と予測して多めに仕込みをして弁当をつくりましたが、結果的に3800食も余ってしまったことがありました。

私がサラリーマンをしていた時代は、台風が来て通勤時間が読めないとなれば、始発に乗って出社したり、前日に会社近くのビジネスホテルに泊まったりして、備える人が大勢いたものです。だから食数が増えたのです。

しかし、今は通勤途中にケガでもされたら困るから「明日は出社しなくていい」とか「午後出社でいい」という会社が非常に増えてきた。

そのときの台風は規模としては大して大型でも強力でもなかったのですが、玉子屋と契約している会社だけでもものすごい数の社員が自宅待機になったのだと思います。

また台風以上に困るのは通勤ラッシュの時間帯に電車が止まることです。人身事故や車内トラブルなどで、最近は朝から止まることが増えてきました。

午前9時を過ぎれば関係ありませんが、朝の7時台、8時台に電車が止まると出社が遅れて弁当の注文時間に間に合わない。すると注文が大きく減る。たとえば電車が止まって30万人に影響が出たとしたら、そのうちの1％で3000食に相当する。だから朝はテレビとラジオをつけっぱなしにして、交通情報に耳を傾けています。

近年、注文数の予測はどんどん難しくなってきました。

今は何もない日でも、忙しくなければ企業は社員に有休休暇をなるべく取るように指示します。契約会社が5000社ありますから、1社1食間違えば5000食違ってくる。

玉子屋には社員が約600人いるので600食余っても何とかなります。社員向けの弁当はつくらないでおくので、余った分は社員に補塡(ほてん)できる。

逆に言えば誤差を埋めるには600食がマックスで、それ以上は難しい。だから弁当が余った場合に買い上げてもらえるお客様を見つけたり、午後1時以降には割引販売するなど、廃棄率を0%に近付ける努力を継続しています。

3章 嫌いだった弁当屋を継いだ理由

玉子屋の由来

なぜ弁当屋なのに「玉子屋」なのか。

そこからお話ししましょう。

私の父親であり、玉子屋の創業者である菅原勇継会長は、もともと茨城県の水戸の生まれです。赤ん坊の頃に職業軍人の父親と母親、姉たちと一緒に満洲に渡り、敗戦後、日本に引き揚げてきました。

数え切れないほどの病死者や餓死者を横目に、命からがら日本に帰ってきた引き揚げの記憶は今も拭うことができず、「どこかで『いただいた命』『生かされた命』と思って生きてきた」と会長はよく言います。

無一文で生まれ故郷の水戸に戻ってきた一家は、親戚から借りた土地に掘っ建て小屋を建てて暮らし始めました。庭で育てたひよこや鶏、ウサギを売って生計を立てていたそうです。

そうやって始めた「ひよこ屋」はいつしか立派な養鶏場に成長しました。ところが雇い入れた人間に騙(だま)されて全財産を奪われ、不渡りを出して会社も倒産してしまいます。

振り出しに戻って無一文になった一家は、夜逃げ同然で東京に出ました。小学生だった会長だけは水戸の親戚の家に預けられて、東京にいる家族と再び一緒に暮らすようになったのは中学1年生のときのこと。家族は大森に住んでいて、父親が水戸から夜行列車で買い付けてきた玉子や鶏肉、闇米などを叔母の家の軒先で売って暮らしを立てていました。「玉子屋さん」――ご近所やお客様からはそう呼ばれていたそうで、その呼び名が「玉子屋」の由来です。

会長は高校を卒業後、一度銀行に就職して商売の基礎を学んでから、銀行を退職してすぐに家業を手伝うようになりました。当時は肉と玉子だけを扱っていましたが、鮮魚も取り扱うようになって、どちらの仕事も順調に拡大していたようです。

私が生まれたのは1969年。ちょうどその頃です。だから当時の家業は弁当屋ではありません。大田区の観音通り商店街で鮮魚店を営んでいました。精肉店は弟に任せて、会長は主に鮮魚店を仕切っていました。

幼い頃の記憶はあまり残っていませんが、物心ついた幼稚園の年少ぐらいのときには、会長が運転する三輪ミゼットの助手席に乗って、一緒に築地に行った記憶があります。

普通の鮮魚店は朝の3時、4時に起きて河岸に出向き、鮮度のいい魚を仕入れます。しかし会長は早起きが苦手だから朝一番には行かない。8時とか9時頃に行く。当然、最高にいい品物は手に入りません。

　でも、そこそこのものなら安く買えます。半値で買えることだってある。会長は、ほどほどにいい魚を安く仕入れて安く売るという商法で、鮮魚店を繁盛させていました。

　築地に向かうのが８時、９時なら、幼い私も起きています。春夏冬の休みに「行くか?」と誘われると、喜んで会長が運転するミゼットの横に乗り込みました。

　ブレーキが壊れていたのか、会長が運転席のドアを開けて右足を地面に擦りつけて車を止めていた覚えがあります。会長が買い付けている間、私は市場で売られているザリガニとかドジョウに夢中になっていました。

　幼稚園の後半から小学校に上がってすぐくらいまでは、店先でサクラをやらされた覚えもあります。店の周りをうろちょろしては、「今日は寒いから鍋が食べたいなあ」とか何とか姉と二人で言い合って客寄せしたものです。

弁当屋として本格スタート。大当たりする

　商才に長けた会長は１９７３年には豚カツ割烹もオープンさせました。

　お酒が好きな父親（私にとっては祖父）が自宅で飲めるようにということでつくった小さ

なお店ですが、赤坂の超一流の料亭で板前をしていた友人を引き抜いて板場を任せたので、味は本物。開店から間もなくして、昼時にはお客さんが入り切れないほど混み合うようになりました。

あるとき、工員が昼ご飯によく利用してくれていた近くの工場から「弁当を持ってきてくれないか」という依頼がありました。これを引き受けて、５～10個くらいの弁当を風呂敷に包んで自転車で配達するようになったのが、そもそもの弁当屋の始まりです。

当初、弁当は割烹の料理人ではなく会長の奥さん、つまり私の母親がつくっていました。それでも豚カツ弁当を中心にした家庭的な料理がウケたのか、弁当の注文はどんどん増えていきました。

70年代当時、大森界隈には従業員が20～30人の町工場が数多くありました。気づけば１日に、50個、１００個と注文が入ってくる。席数の限られた店舗でお客様の来店を「待つ」商売よりも、積極的に弁当を売る「攻め」の商売に魅力を感じて、会長は弁当屋に本腰を入れる決断をします。

折しも「弁当屋」という商売が社会的に認知されて急速に拡大していく少し前、夜明け前の時期でした。

町工場を中心に弁当の需要が増え、ラーメン屋や夜泣きそば屋が弁当屋に転業した例も多かったと聞きます。少し後には「ほかほか弁当」のようなフランチャイズの弁当屋が登場して、いわゆる第一次弁当ブームが到来するのです。

1975年に弁当屋の「玉子屋」として本格的にスタートしたときは50食程度でした。これがあっという間に500食まで増えました。1日500食なら当時としてはかなり大きな弁当屋と言えます。主なお客様は町工場で働く人たちでした。

始めて2年が過ぎた頃、会長はふと閃(ひらめ)いたそうです。

「待てよ、丸の内や日本橋のオフィス街にウチの弁当を売ったらどうだろうか」と。

これが玉子屋の最初の大転機になりました。

当時「出前」をするのは街の蕎麦(そば)屋か中華料理店くらい。それも配達するのはご近所、せいぜい2キロ以内が常識という時代です。東京のど真ん中のオフィス街に弁当を届けるなんて、誰も考えもしなかったと思います。

丸の内や日本橋のオフィス街に弁当を売ることを会長が思い付いたのは、銀行で働いていた経験が大きかったようです。昼間のオフィス街の実情を知っていたからこそ、出てきた発想だったのでしょう。

当時、大きな会社には社員食堂がありましたが、丸の内や日本橋には社員食堂のない中規模の会社もたくさんありました。そこで働く社員の皆さんは昼食を社外に食べに出なければなりません。ランチタイムにオフィス街の蕎麦屋やレストランが混み合って、「昼食難民」が出てくる様を会長はよく知っていました。だからこそ「町工場以上に需要があるのではないか」と踏んだわけです。

しかも当時、工事中だった高速道路が完成すれば、大森から丸の内、日本橋はぐっと近くなる。それまでは大森から川崎方面に目を向けていましたが、これからは逆に都心のオフィス街だと発想を大きく転換しました。

ブルーカラーの食べ物というイメージが強かった弁当を、ホワイトカラーにも浸透させたいという強い信念があった会長は、率先して営業をかけました。会社回りならお手のもの。銀行員時代に営業をしていたおかげで、躊躇（ちゅうちょ）なくオフィスに飛び込み営業をかけられる。実際、どんどん注文が取れたそうです。

1980年には三井造船と契約できて、オフィス街での弁当販売に大きな弾みがつきました。

三井造船には立派な社員食堂があったのですが、造船不況もあって見直す時期にきていたタイミングで、「銀座の一等地に社員食堂を持っているのは無駄ではありませんか」と熱心に説いたのが効いたそうです。三井造船は社員食堂をやめて、玉子屋の弁当を取ることにしました。結局、空いたフロアを他社に貸して賃貸収入を得たほうが効率的と判断したのでしょう。

玉子屋にとっては大企業の三井造船と取引できたことは非常に大きかった。

1社での注文数が600食と多い上に、三井造船との契約が社会的な信用になって、他社との取引も増えました。1982年には1日の弁当生産数が2000食に届き、玉子屋はいつの間にか業界上位の規模に成長していました。

嫌いだった弁当屋という家業

玉子屋が仕出し弁当屋として創業した1975年、私は小学校1年生でした。

鮮魚店は閉めたわけではなくて、会長が育てた右腕に任せて私が高校生になるぐらいまでは続けていました。家業が弁当屋になったことは子どもながらに認識していましたが、関心はまったくなかった。

それどころか、弁当屋という家業が嫌いでした。

私は小学生の頃からリトルリーグに入って野球をやっていました。特に野球が好きだったこともないし、少年野球をやりたいと思ったわけでもない。会長に無理矢理やらされたのです。

会長は幼い私の性格を見抜いていました。

どうやら勉強で苦労するタイプではなさそうだし、運動神経もいい。しかし、自分で何でもできるから、自分さえよければいいと他人を思いやれないところがある。好き嫌いが激しくて、納得がいかないとふて腐れて、すぐにいじける（今でも妻から指摘されることがあります）。

会長から「会社を継げ」とか「社長になるんだからしっかりしろ」といった類いのことを言われた覚えは一度もありません。

きっと「こいつは天邪鬼だから、強制するようなことを言えば反発するだろう」と思っていたのでしょう。しかし、事業の傍ら子どもの教育にもひとかたならぬ関心を持っていて、我が子を後継者としてどう育成すべきか、早い段階から腐心してきたことを後から聞きました。

このまま育てば身勝手で包容力のない人間になるのではないかと危惧した会長は、私をリトルリーグのチームに放り込みました。まったく反抗できないような環境に一度浸からせたほうがいいと考えたからです。

今でも覚えています。それまで野球経験なんてまったくないのに、小学2年生の終わりに会長に連れられてリトルリーグの入団試験を受けにいきました。

4人がテストを受けて、1人が◎、2人が○で、私は△。結局、一番上手かった◎の子と私がセットで合格した。

合格したといっても未経験だからヘタッピだし、ボールは硬球。とてもピッチャーなんてやらせてもらえない。鋭い打球が飛んでくる内野もできない。外野しかないわけです。

その外野でもエラーばかり。やったことがないのだから捕れるわけがない。

入ったばかりの頃、「お前の親父、何やってんの?」と聞かれて、「給食センター」と答えました。実際「玉子屋給食センター」という屋号だったのです。

「給食センターってさ、弁当屋だろう?」

「何、お前の親父、弁当つくってんの?」

子どもの言葉は容赦がありません。外野でエラーがあるたびに、自分がエラーしたボールではなくても、「弁当屋の息子、ボール拾ってこい」と言われました。

おかげで「今に見ていろ」と負けん気に火がついた。身体能力が高かったので、練習すればするだけ上手くなって、入団1年後にはレギュラーになっていました。それでも、「弁当屋の息子」に生まれた身の上を恥じる気持ちは拭うことはできなかった。

下町の商店街に生まれたから、サラリーマンのお父さんに憧れていました。当時で言えば電電公社やソニーに勤めているような一部上場企業のサラリーマンのほうがお洒落(しゃれ)でインテリジェントな職業のように思えたのです。

最大の顧客で集団食中毒を引き起こす

弁当で稼いだお金で我が家の生活が成り立ち、自分は学校に通えている——などとはつゆとも思わずに少年時代を過ごしていましたが、子ども心に「どうなるんだろう」とショックを覚えた事件がありました。中学2年生だった1982年5月、玉子屋の最大の顧客だった三井造船で集団食中毒が起きたのです。

最初は何が起きたのか、わからなかったそうです。

朝一番、前日に玉子屋の弁当を食べた三井造船の社員が医務室にやってきて「お腹が張る」と訴えた。その後、似たような症状を訴える社員が続出、150人ほどに達した段階で、「これはおかしい。昨日の弁当ではないか」ということになりました。

いつ第一報を受けたのか、どのような返事をしたのか、会長はその日の出来事をあまり覚えていないと言います。あまりのショックに頭の中は真っ白。どう対応すればいいのか、すぐには頭が回らなかったそうです。

三井造船という大企業で起きた食中毒事件ということで、その日の夕方から翌朝にかけて新聞やテレビの取材が殺到しました。テレビのニュース番組でも大々的に取り上げられて、それを見た得意先からの問い合わせや苦情の電話もひっきりなしでした。

自宅にもマスコミが大勢やってきたことを記憶しています。会長から自宅にかかってきた電話に出て事情を聞いた祖母は受話器を握ったまま泡を吹いて卒倒しました。漫画のように人が泡を吹く場面を初めて見ました。

弁当屋にとって食中毒事件は致命的です。しかも三井造船の食数は玉子屋のシェアの4割。それが新聞やテレビで大々的に報道されてしまった。

「もはやこれまで。再起不能だ」

会長は腹を括ったそうです。

結局、この食中毒事件の直接の原因はわからずじまいでした。

問題の弁当をつくった当日は通常よりもかなり多くの注文があって、調理の面でも配達の面でもキャパシティをオーバーして受注していました。そのためにいつもより早く調理して、配達車の中に長い時間放置せざるを得なかった。そのあたりに原因があったと思われます。暑い日だったことも災いしたのでしょう。

食中毒事件で玉子屋は１週間の営業停止処分を受けました。

当然のことながら、得意先からの注文の電話はピタリと途絶えました。ライバル会社が玉子屋の得意先を回って客を取ったらしいとの風の噂もあったようです。契約を取り消したいという申し出も相次ぎました。

退職する従業員も続出して、最後に残ったのは会長が目をかけて引き入れた悪ガキ社員数人でした。

「どうせ会社は潰れる。だったら皆で最後に楽しもう」と会長は残った仲間を引き連れて伊豆の温泉に出かけました。

私は留守番していたので詳しい様子はわかりませんが、のんびり露天風呂に入って、酒を飲んで、歌を歌って、皆で盛り上がったそうです。

ひとしきり盛り上がって酒宴の熱が少しずつ覚めてきたとき、一人の社員がぽつりと言い出しました。

「僕、辞めないですから。大丈夫ですよ」

このひと言がきっかけで次第に「もう一度やってみよう」という空気になって、会長の闘志に再び種火が点りました。それを一気に燃え上がらせたのは、最も身近で苦楽を共にしてきたパートナー（つまり私の母）のひと言でした。

「お父さん、何考えているの。私はお父さんが悪ガキで何するかわからないところがよくてお嫁にきたのよ。会社が潰れるくらい、いいじゃないの。生きているだけで儲けものなんだから。たまたま会社が大きくなって経営者みたいな顔しているけど、もともとゼロなんだからまた最初からやればいいのよ」

マイナスからの再スタート

創業以来、順風満帆に食数を伸ばし続けてきた玉子屋でしたが、食中毒事件で社会的な信用を落とし、得意先を失い、売り上げも減って、奈落の底まで落ちました。再起はゼロからのスタートではありません。信用をなくした分、マイナスからのスタートです。

「二度と食中毒を起こさない」

再出発はそのための体制づくりから始まりました。

玉子屋だけではなく、当時の弁当屋はまだまだ衛生観念が希薄で、衛生管理を徹底しているとは言い難い状況でした。夏の暑い日に調理したものをそのまま放置したり、弁当を車に積みっぱなしにして配達するのが当たり前でした。

炊飯から飯盛り、調理、そして容器の洗浄まで、すべて手作業でやっていました。

このような希薄な衛生観念を改めて、衛生管理を徹底する。そして一連の作業の中で、なるべく人の手が食物に触れる回数を減らすことが大きな課題でした。

この課題を解決するために、会長は機械を積極的に使うことを決意します。

まず導入したのが炊飯器と飯盛機です。

炊飯器は米を洗うところから飯を炊いて蒸らすところまで1台でできる優れもの。飯盛機は炊けたご飯を一人前ずつ弁当箱に分けて入れることができる最新鋭のハイテク機器で、当時はまだどこも導入していませんでした。

当時の弁当屋は機械化に消極的で「そんな高い機械を入れなくても自分たちでやる」という考え方の業者がほとんどでした。

弁当箱を洗う洗浄機も導入しました。

それまでは桶(おけ)の中に使用済みの弁当箱を浸けて手作業で洗っていましたが、機械に代えて洗浄度が格段に向上しました。

さらに野菜カッターも入れて、人の手に触れる機会を極力減らしていったのです。冷蔵庫や冷凍庫も最新のものに切り替えて、食材の管理も徹底しました。

これだけの設備投資をするにはかなりの資金が必要です。当時、新工場をつくったばかりのタイミングで食中毒事件を起こしてしまい、玉子屋の財政は非常に厳しい状況にありました。

それでも会長は有り金をはたいて、銀行から資金を調達してまで機械を導入した。経営コンサルタントがそばにいたら、「とんでもない」と大反対したに違いありません。しかし、「迷いはなかった」と会長は言います。

どん底に落ちて、信用を失い、マイナスからスタートするのだから、損得なしで良質な商品、安心できる弁当を提供しなくてはいけない――。その一心だったそうです。

失敗はお客様に真摯に向き合うチャンスをくれた

ありがたいことに救いの手を差し伸べてくれる方々もいました。食中毒事件をきっかけに契約を打ち切ってほかの弁当屋に替える会社が多い中でも、「もう一度チャンスをやろう」と言ってくれる会社が何社かあったのです。

いくら感謝してもし切れないのは、直接の被害者である三井造船が事件後もお付き合いを継続してくださったことです。会社側はほかの弁当屋に替える方針だったようですが、社員の皆様から「玉子屋の弁当を食べたい」というご声援をいただいた。土下座してお詫びした会長と若手営業マンを三井造船の担当の方が意気に感じてくださったらしく、ご自分のクビをかけて玉子屋の弁当を引き続き取ることを決定してくださいました。

食中毒事件は玉子屋の存続を揺るがす大失態ですが、事件を通して実にさまざまなことを経験し、学ぶことができました。特に食物を扱う業を営む者として衛生管理がどれだけ大事か、骨身に沁(し)みてわかりました。

だからこそ徹底的な機械化を進めることになったのですが、後から考えれば、衛生管理のための機械化が、結果的に大量の弁当が供給できる体制を築くための重要なステップになったのです。

お客様に対する意識も大きく変わりました。

会長曰(いわ)く「それまでは正直なところ、真剣にお客様の側に立って考えていなかったと思う。しかし、食中毒事件以降、いいもの、美味しいものを食べてもらいたいと心から素直に思うようになった」

街の料理屋から出発した弁当屋があれよという間に大きくなって、企業理念や経営哲学と向き合う暇もなかったことでしょう。

まだＣＳ（顧客満足）やＣＳＲ（企業の社会的責任）といった考え方も希薄な時代でした。しかし食中毒事件を経験したことで、小手先の、マーケティング的な意味合いのＣＳやＣＳＲではなく、本当にお客様に満足していただける弁当をつくりたい、つくらなければいけないと考えるようになった。

大きな危機に直面し、それを乗り越えたことで、玉子屋は企業として一皮剝けることができたのだと思います。

いっときはプロ野球選手を目指したものの

食中毒事件が私の高校受験の時期と重なって、「会社が潰れたら私立高校には行かせられないかもしれない」と言われたこともありましたが、玉子屋が再出発してくれたおかげで、私は私立の立教高校（立教新座高校）に進学することができました。

中学に入って背もぐんと伸びてシニアの日本代表にも選ばれたくらいでしたから、野球推薦の話もありました。しかし推薦で入ったものの肘（ひじ）や肩を壊して野球ができなくなり、学校をやめなければいけなくなったケースも当時よく耳にしていた。

しかも好きでやっている野球ではなく、父親からやらされた野球です。野球推薦ではなく、きちんと受験して進学しようと考えました。

高校でも野球部に入りました。そこまで好きではない野球をなぜ続けたのか。

性格的に「途中で投げ出すのは負け犬だ」という意識が強かったからです。負け犬にはなりたくない。だから続けるしかなかった。

どこまで続ければ負け犬ではなくなるのか。

親は高校野球で甲子園に出場することを期待していたから、「よし、甲子園を目指すところまではやってやろう。そこまでやれば負け犬じゃないだろう」という気持ちでした。

ところが目標はすぐに達成されてしまいます。

当時の立教高校の野球部は強くて、私が1年生のときに夏の甲子園に初出場を果たしたのです。私は1年生ながら地区予選ではベンチ入りしましたが、甲子園ではスタンドで応援に回りました。立教高校は1回戦はシードだったので2回戦を突破して甲子園初勝利を上げて、3回戦まで勝ち進みました。

2年生、3年生でも甲子園に行けると思っていましたが、鈴木健（高校通算83本塁打の内野手。1987年、高校3年生で西武からドラフト1位で指名を受けてプロ球界入り）を擁する浦和学院に阻まれて、私の高校野球は甲子園出場1回で終わりました。これで野球はやめようとも考えたのですが、立教大学に進学後、再び野球部に入りました。

大学で緩いサークル活動をする気もなかったし、一生懸命勉強する気にもならなかった。弁当屋もまだ嫌いでした。

具体的な将来の夢を描いていたわけではありません。でも「目立ちたい」という自己顕示欲は強かった。

どうすれば目立てるか。やっぱり野球をしているときが一番目立ちます。当時はまだサッカーがプロ化していないし、今日のように卓球や柔道やバスケットボールが脚光を浴びることも少なかったのです。

マイナースポーツで日本一になっても誰も知らない。だったら、そんなに好きでもないけど、野球で頑張ったほうが目立つし、女の子にも絶対モテる。

それに立教大学の中でも野球部の存在は別格でした。ミスタープロ野球の長嶋茂雄さんを筆頭に数々の名プレイヤーを輩出した名門です。4年先輩に長嶋一茂さんがいて、やはりドラフト1位でヤクルトスワローズに入団した。そういう名門の野球部でレギュラーを張る自信もありました。

六大学野球は春夏のリーグ戦を神宮球場で戦います。観客はプロ野球のようにお金を払って見にくる。プロのように大観衆の前でプレーできる環境にも惹かれましたし、両親もそれを望んでいました。

レギュラーになったのは大学4年のときです。プロ野球選手になる夢も視界に入りつつあったのですが、ある日、プロのバッティング練習を見る機会に恵まれました。

その日の神宮球場はプロアマの併用日で、昼間は大学野球が2試合、夜はナイターが予定されていました。私が出場した2試合目が延長で遅れたために試合後の片付けやアップをグランドの片隅でしているときに、プロがバッティング練習を始めました。

ホームのヤクルトスワローズの当時の主力は池山隆寛さんや広澤克実さん、古田敦也さんらで、1990年に野村克也監督が率いてから黄金時代（92年リーグ優勝、93年日本一）を迎えていました。対する中日ドラゴンズの主砲は三冠王の落合博満さんで、宇野勝さんや川又米利さんが脇を固めていた。

両チームのバッティング練習を間近で見て思い知りました。

スイングスピードも打球音もまるで違う。自分がこの先の5年、10年どれだけ頑張ろうとも、絶対にプロで食べていくレベルにはたどり着けない。そもそも好きでもない仕事に朝から晩まで打ち込めるはずがありません。

この瞬間にスッパリと野球は諦めました。

大学野球までやりましたからもう負け犬とは思わなかったし、むしろ呪縛から解き放たれたような爽快感さえありました。

どこでもいいから社長になりたい

子どもの頃から続けてきた野球に区切りをつけて、自分が何をしたいのか、どうなりたいのかを考えて行動する就職活動の季節がやってきました。自分の中でぼんやりとした答えはありました。それは「社長になりたい」ということです。

「親父の背中を見てきたから」なんて格好いい理由ではありません。

私が高校を卒業する頃には玉子屋の食数は8000食を超えて、それなりに大きな会社に成長していました。会長も中小企業の経営者のような雰囲気が出てきた。

それでも高校の同級生が親から新車のスポーツカーを買ってもらって乗り回しているのを見て、「やっぱり大企業のサラリーマンの息子のほうがいいなあ」と思っていました。自宅から100メートルくらいのところに弁当工場があるのに、高校の終わりまで足を踏み入れたことがなかった。

工場の応接スペースに麻雀卓が置いてあって、高校3年生の夏に地方大会で負けた翌々日から、野球部の仲間と麻雀をやるために工場に行くようになりました。徹夜でジャラジャラやっていると、朝の5時とか6時くらいに従業員が出社してくる。「おはようございます」と挨拶は交わしても、何の仕事をしているのかさっぱりわからない。

「社長になりたい」というのは、いつか起業して社長になるという意味で、家業を継いで社長になるなんて選択肢はありません。

当時は社長＝社会的な成功者というイメージを持っていました。

実は菅原の家系はサラリーマンがほとんどいない。会長は6人兄弟ですが、誰もサラリーマンをしていません。画家だったり、音楽家をしていたり。私の従兄弟（いとこ）にもサラリーマンは一人しかいません。年に何度か親戚が集まってもサラリーマンがいないから勤め人の厳しさとか気楽さは話題にならない。大企業のサラリーマンの親には憧れていても、自分がサラリーマンになるという発想はなかった。

何か自分の特徴や強みを生かした仕事を見つけなければいけないと漠然と思っていました。自分がリーダーになってチームを束ねて、その仕事を成功に導く。それがイメージしていた社長像です。

したがって起業に備えて勉強ができる会社、社長修業ができる会社が希望の就職先でした。「起業しなくてもその就職先が超魅力的だったら、そこで役員なり社長を目指してやろう」くらいの自信というか野心というか、無鉄砲な気構えがありました。

私が就職活動をした1991年当時は金融系が人気で、理系の学生も銀行や証券会社などを受けていた時代です。

私は銀行か商社のどちらかしかないと思いました。もう少し人間関係が広ければ外資系という選択肢もあったのかもしれませんが、野球部の先輩で外資系に就職した人は誰もいなかったし、情報が入ってこなかった。

銀行なら三菱銀行、住友銀行、富士銀行（現みずほ銀行）、三和銀行（現三菱ＵＦＪ銀行）の4行。商社なら伊藤忠商事、三菱商事、三井物産、住友商事、丸紅、日商岩井（現双日）

の6社がいわゆる当時の業界大手です。

しかし基本的には野球部の先輩、あるいは野球部以外の立大の先輩の伝手を頼るしかないので、リクルート活動は限られる。結局、商社は住友商事、銀行は三菱銀行と富士銀行に絞りました。

住友商事は手応えがあって、先方から「君なら絶対に活躍できる」と太鼓判をもらいました。当時は内定が出るのが7月。しかし9月から大学最後の秋のリーグ戦が始まるので、私は早く内定をもらってリーグ戦に向けて練習に集中したかった。だから人事部に直接電話して「5月に最終面談していただいて、内定がいただけるなら5月中に出して欲しい」と頼んだのです。

前代未聞だったようですが、前倒しで人事部長が面談してくれることになりました。いろいろ話をした後、最後にこんな質問をされました。

「君は甲子園出場校の監督だ。エースピッチャーの活躍でここまで勝ち上がってきたが、だいぶへばって限界にきている。しかし二番手ピッチャーはだいぶレベルが落ちる。君は交替させるか？」

どう答えるべきか。一瞬迷ってからこう答えました。

「そのシチュエーションだけでは全体が見えませんが、僕の気持ち的には続投です」

結果、最終面談で落ちました。「ピッチャーを交替させる」と答えていたら合格だったのかどうかはわかりません。こういうものはやはり〝縁〟なのでしょう。

ただ、もし住友商事に就職していたら……。恐らく海外勤務になっただろうし、また人生が変わっていたと思います。玉子屋には戻ってこなかったかもしれない。

三菱銀行と富士銀行は内々定をいただきましたが、どちらにするか本当に迷いました。三菱銀行のほうが上位行という認識は当然ありましたが、富士銀行は自分の父親が在籍していた縁のある銀行です。

ある日、リーグ戦の中休みで実家に戻ったときに、玄関先に玉子屋担当の富士銀行の銀行マンが立っていました。「どうしたの?」と会長に聞いたら「あの銀行、とんでもないミスをしやがった。俺は許せねえ。取引停止だ!」といきり立っている。

行員は会長のお許しが出るまで玄関先でずっと立っていて、やっと家の中に入ることを許されたら頭を擦りつけるように土下座をして会長に謝りました。それを見ていて、軽く感動を覚えてしまった。

一介のサラリーマンが会社のミスを背負って顧客の家に足を運び、許してもらえるまで玄関先で立ち続けて、土下座までして詫びる。すごく根性があるし、「この銀行、いいな」と。リトルリーグに始まって、ずっと体育会系の環境で育った自分にはとても好ましく感じました。

この出来事が決定打になって、富士銀行に就職することを決めました。

銀行勤務で学んだ「いい会社」の基準

「富士銀行に行くよ」と会長に報告すると「そうか」と素っ気ない感じでしたが、内心は喜んでいたと思います。

会長は「自分の人生の進路を親に決められたら絶対に反発する。『弁当屋を継げ』とは言うまい」と心に決めていたから、私の就職にも一切口を出さなかった。きっと「こいつのことだから長くはいないだろう。修業先としては自分がいた銀行は悪くない」と思っていたのでしょう。

会長は高校卒業後、富士銀行に4年間勤めました。

いずれ自分で事業を興したかったようで、大学代わりに4年間実地でビジネスの勉強するつもりで就職したそうです。この父にしてこの子あり、なのかもしれません。

会長は相当型破りな銀行員だったらしく、一世を風靡していた石原裕次郎の髪型を真似て、ノーネクタイに赤い靴下で闊歩していたと聞いています。支社のホールでダンス教室を開いたり、民謡クラブをつくったり、やりたい放題、遊び放題。一方で窓口でも外回りでも労を惜しまず仕事を楽しめる性格だから、営業成績もよかったそうです。よく遊び、よく働き、理解ある上司や同期に恵まれ、後輩にも慕われて、4年後には盛大な送別会で送り出してもらった。

私が富士銀行に入社したときにも、会長の同期や部下が大勢いました。元部下の一人に野球が大好きな方がいて、私が入社するのを嗅ぎつけて自分がいる支店に引っ張った。それで最初に配属されたのが二子玉川にある玉川支店でした。支店長がこれまた野球好きで、当時は支店対抗の野球が流行っていたから、有力な新戦力として目を付けてもらったわけです。

玉川支店には3年いましたが、とても勉強になったいい支店でした。

最初の3ヶ月は窓口業務でお客様対応の基本を学んで、1年半は内勤で支店の財務整理。1992年当時はバブルが崩壊したばかりで、不良債権が山のように出てきたので、案件のチェックが主な仕事です。最後の1年は外回りの営業でした。

銀行に入って何を学んだかといえば、まずは数字です。数字に強くなった。社内の資格試験が定期的にあるので、土日はほとんど数字の勉強に費やしました。おかげで決算書が読めるようになった。決算書の数字を見れば財務内容が一目でわかるし、その会社が悪いことをしているかどうかもすぐにわかります。

大きな会社から小さな会社まで、いろいろな会社の経営者に名刺一つで直接お会いできるのも銀行の仕事の醍醐味です。新しいビジネスのトレンドや自分が起業するときに参考になるようなお話がうかがえることもある。

一般に「いい会社」というと、売り上げや従業員数、顧客数といった数字が大きくて、社会的に認知されている大会社というイメージがあると思います。私もそういう認識で銀行に入りました。しかし、新聞に名前が出るような大きい会社の社長にお会いしたときのイメージと新聞の記事が嚙み合わないことがよくありました。

新聞記者だって人間ですから、担当した企業に嫌われたくない。だからいいことをことさら強調して書くこともある。たとえば前期が赤字に近い内容で、今期少し黒字になったくらいで、「前期比200％アップで業績V字回復」とか何とか。でも3年前に比べれば依然として業績は低かったりする。だから社長に直接会ってみると、顔色が冴えなかったり、歯切れがよくなかったりするわけです。

銀行では「日経新聞の大きな見出しはあまり気にするな」と教わりました。活字の小さなベタ記事ほど価値がある、真実が書かれている、と。それは何度も実感しました。

支店勤務で学んだことは数字ともう一つ、「いい会社」の定義です。

会社のよしあしは、会社の大きい小さいではない。まず健全経営であること。従業員が満足して働いていること。そして提供するサービスをお客様が喜んで受けていること。この「三方よし」を満たしている会社が「いい会社」だということが、3年経った時点で見えてきたのです。

会社は小さくとも、健全経営で、従業員が喜んで働いていて、お客様からも喜ばれている――。後々、玉子屋の決算書を初めて目にしたときに、「あれ、ウチっていい会社じゃん」と銀行マンの視点で見直すことになります。

銀行員に見切りをつける

銀行での仕事は学ぶべきことが多かったのですが、一方で自分の心の中に「これでいいのか」というわだかまりが生じて、少しずつ大きくなっていくのを感じていました。

バブルが弾けた直後で当時の銀行の業務は財務整理や不良債権処理のような後ろ向きの仕事ばかりでした。

もともと野球をやったり生徒会の副会長をやったり、陽の当たるところが大好きでポジティブな性格だったのに、そんな後ろ向きの仕事にかかりきりになると、自分の頭がネガティブに凝り固まってくる。

安田銀行（富士銀行を経て、現みずほ銀行）を中核とする安田財閥の創始者、安田善次郎（やすだぜんじろう）という人は、世のため人のために新しい会社を興した人にお金を貸した。貸した金が返ってこなくてもいい。お金を貸したことによってその会社が成長し、日本や世界の発展に寄与すればそれでいい。それが陰徳を積みながら日本の近代化を支えた安田善次郎の精神である――。そう教わって私たちは入行しました。

それなのになぜ不良債権ばかり抱えて処理に苦しんでいるのか。これから伸びていきそうな会社に融資ができないのか。何でもかんでも担保を取らなければ貸せないのか。

野球好きの支店長から融資畑の支店長に代わったタイミングで新規の融資案件を取ってきたら「勝手なことをするな」と怒られました。融資先は将来有望だし、支店にとっても有益と思って案件を取りまとめたのに、リスク最優先でまともに検討もしてくれない。

「顧客満足」と口では言いながら、上役は本店のご機嫌をうかがって、出世のことばかり考えて仕事をしている。点数稼ぎの貸し渋りや引き剥がしで、犠牲になるお客様は末端でしかない。本末転倒も甚だしい。

どれだけ頑張っても融資案件一つ決まらない。そんなことを1年も続けていたら、嫌気が差してくる。このまま銀行の色に染まったら、自分の持ち味が全部消えてしまう。そう思って銀行を辞めようと決心しました。

上司や同僚は引き留めてくれましたが、気持ちは次のステージに向かっていました。銀行で学べなかったのは流通と物流。そこで小さなマーケティング会社に転職したのです。

物流の重要さを思い知ったマーケティング会社修業

そのマーケティング会社の社長をしていたのは立教大学出身で、私の7年先輩でした。一風変わった社長で、一流企業の内定を蹴っ飛ばして、日本中の商店街の復活を目指してマーケティング会社を立ち上げました。

商店街に必ずあるのは酒屋と米屋。日本人の主食だからまずは米屋から変えていこうということで、日本全国を飛び回って各都道府県の米屋と提携してネットワークをつくり、お米屋さんのコンサルタントを始めました。

私が担当していた取引先が参加していたソフトボール大会にその社長がたまたまきていて、現役を引退したばかりの私がその大会で大きなホームランを打ったら「君はすごい！」といたく気に入られた。そこから2年間、月に一度か二度、支店にやってきて「ウチに来てくれないか」と口説かれたのです。

「入ったばかりですから、勘弁してください」と断り続けてきましたが、3年後、銀行の後ろ向きな仕事に違和感が募(つの)って、こちらの心境が変化してきました。

大企業のよさもわかったし、「三方よし」も身をもって学んだ。担当が少なくて勉強が足りないのは流通と物流、それから小さな会社で働いた経験もない。マーケティングの会社だから幅広い経験ができるし、将来、自分が会社を興すときの参考にもなる。

米屋のコンサルタントだから、「いつか玉子屋に戻ったときに役立つかもしれない」という気持ちもちらりと過(よぎ)りました。

お米屋さんというのは小さな物流網を持っています。そう、米を配達するトラックです。
「米屋のトラックで運ぶのが、どうして米だけなんだ」というのが社長の持論であり、発想でした。

日本全国のお米屋さんが日本中からいい米を仕入れるルートをまずつくる。そして米の配達ついでにいろいろな自然食材や健康商品を各家庭に届ける。有機野菜や無農薬野菜、赤ワインや白ワイン、プロポリスやポリフェノールなど、当時まだ世にそれほど広まっていないものを積極的に扱っていました。

転職したばかりの私も米屋の物流網に乗せる産物を探し歩いて日本全国を回りました。たとえば桃。産地としては岡山や山梨が有名ですが、和歌山の桃も実は美味しい。

それからトマト。日本ではゆうに100種類以上のトマトが栽培されています。一般的なトマトの糖度は5～6程度、フルーツトマトで糖度は8～10くらいですが、14～15の超高糖度トマトをつくっている生産者を見つけてきて米屋のネットワークで販売することを提案したり。

美味しいもの、身体にいいものだから確かに売れます。しかし、たとえば生産者が秋田で米屋が名古屋となると、どうしても送料がかかる。宅配便を頼まなければならない。でもロットが小さいから宅配業者と価格交渉ができない。物流を確保することがいかに大事か思い知りました。

マーケティングも大いに学びました。

我々はすごく頑張って、まだ世に出ていない、あるいは広まっていない食べ物、食材を集めました。しかしタイミングが早過ぎると誰も見向きもしてくれない。3年後、5年後に流行るものを提案したってなかなか理解してもらえません。半年後に流行るものを提案すること、半歩先を行くことが大事なのです。

お米屋さんの中には昔ながらの地主で頭の固い人も多い。「なんでウチがこんな商品を扱わなければいけないんだ」と言われて、納得してもらうのに5時間ぐらいかかったこともあります。

もともと口べタではありませんが、そんなにおしゃべりが上手いわけでもない。それでも当時、1日17～18時間ぐらい働いて、お米屋の大将と話し込んだり、会議を重ねたりしていたら、いつの間にかおしゃべりが上手くなりました。

社員3人、地方出張に行くときは夜行バスで行くような小さなマーケティング会社でしたが、わずか2年半ながら実に濃厚で本当にいろいろな修業が積めたと思っています。

初めて玉子屋の弁当を食べる

大きな銀行から小さなマーケティング会社に移った際も、会長は何も言いませんでした。

想定内だったのでしょう。

驚いたのは、私がマーケティング会社で仕事を始めたその日の12時、玉子屋から弁当が届いたことです。

もちろん、私は頼んでいません。社員3人分、弁当3個を毎日無料で届けるように会長がエリアの担当者に指示していたのです。これは本人に確認していませんが、「いずれ戻ってこいよ」というメッセージも込められていたのだと思います。

当時税込み410円だった玉子屋の弁当を、20代の半ばにして初めて食べました。それまで食べたことがなかったし、食べようとも思わなかった。関心がなかったからです。

「あ、結構美味しい。これならお客さんにも喜ばれる」

率直にそう思いました。

この値段でこのクオリティはなかなか出せない。「親父やるな」と。それでも毎日食べていれば、玉子屋の弁当のどこに問題があるのかも見えてきます。そのつもりで会長が弁当を届けさせていたのなら、今にして思えば完全に思う壺でした。

お腹がガッツリ膨(ふく)れればいいという男性的な感覚だけでは、これからは食数を伸ばせない。もっと女性に喜ばれるようなメニューづくりをするべきだと私には思えました。

弁当を届ける配達の面でも問題点を感じました。

2年間、弁当を届けてもらった中で配達員が4人変わったのですが、2人は感じがよくて、「こんな人が届けてくれるなら気持ちよく食べられるな」と思いました。

しかし残りの2人はいただけない。

ろくすっぽ挨拶もしないし、デスクの上に書類が散らばっていたりして弁当の置き場所がないと、平気で床に置いて帰る。フタがしてあるから埃が入る心配はないけれど、食べる側からすれば気分はよくない。

「これは顧客心理だなあ」とつくづく思ったのですが、些細なことが気になったとしてもその場では文句は言わない。何か大きな問題を起こしたときにまとめて文句を言ってやろうと思うのです。

玉子屋の弁当で言えば、昼の12時までに届けることを鉄則にしています。2、3分遅れたとしても感じのいい配達員だったら、「普段から頑張っているんだから。ちょっと遅れたぐらいいいよ」と寛大になれる。

しかし、普段感じが悪いと思っている配達員が同じことをしたら、1分遅れただけでも「ふざけるな！　12時の約束に遅れたんだから割引しろ」という気持ちになる。

実際、弁当の配達が遅れることがあっても、実家相手ですから文句なんて言いません。しかし、配達する人の普段の態度で弁当の価値がこんなにも違ってくる。そのことをあらためて認識しました。

遅配した事実に怒っているのは2割くらいで、あとの8割はそれまで蓄積したものに対する怒りが一気に解放される。案外そのあたりがクレームの本質だったりするのではないでしょうか。

「あれ？　玉子屋っていい会社じゃない？」

玉子屋の決算書に初めて目を通したのはそんなタイミングだったと思います。

自分の特長を生かして会社を興すにしても、どんな事業にすればいいのか、いまだ見つからない。マーケティング会社ではいろいろな商品を取り扱って、どんなに素晴らしい商品を世に送り出しても成功するとは限らないことも学びました。

新しい事業をイチから立ち上げることへの渇望はある。しかし、玉子屋の決算書を見て胸のどこからか湧き上がってくるものを感じました。自分が玉子屋の弁当を改革することによって、もっとお客様の役に立てるのではないか、と。

2年間玉子屋の弁当を食べてきたから、お客様が玉子屋の弁当をどんなに楽しみにしてくださっているか、よくわかりました。都心のサラリーマンが一斉に混み合うランチタイムに昼食を外でとる煩わしさ、面倒臭さもよく見聞きしている。

当時は90年代後半、デフレ前ですからランチの値段は今より高かった。1000円のランチを並んで食べて、会社に戻ってきた頃には昼休みは終わってしまいます。

玉子屋の弁当を頼んでおけば410円（当時）で、12時には届いているから余裕のあるランチタイムを過ごせる。410円×20日で月の弁当代は約8000円。1000円のランチなら×20日で2万円。月1万2000円の差額がサラリーマンにとってどれだけ大きいことか。

玉子屋の決算書を見ると当時の年商は12億円で、利益は3000〜4000万円。弁当屋の利益率としては悪くない。健全経営です。

お客様に喜ばれているし、従業員も喜んで働いている。絵に描いたような「三方よし」です。財務的にもシステム的にも改善すべき点はあるし、無駄なところもまだありましたが、業績は伸び続けていました。

「玉子屋にはポテンシャルがある。自分が中に入って手をかけたら、もっといい会社にできる」と思いました。女性に喜ばれるメニューに改革して、配達員の教育も徹底する。ライバルは同業者ではありません。宅配業者を含めた全デリバリーの中で、一番スマートで礼儀正しい配達スタッフを育てる。そうすれば絶対に勝てる、つまり業界で抜きん出た会社になれる、と。

当時の玉子屋の食数は1万5000〜2万食ぐらい。最大手が3万食程度でしたから、3万5000食まで持っていくことができれば、突き抜けられる。

マーケティング会社のオフィスで玉子屋の弁当を食べながらそんな算盤(そろばん)を弾いていると、どうにも我慢ができなくなってきました。

1996年の9月だったと思います。ある晩、実家で家族揃って夕飯を食べているときに思わず口をついて出ました。

「俺、そろそろ玉子屋で働こうかな」

会長の反応は拍子抜けするほどあっさりしていました。

「いいね」

私が自分から「玉子屋に入る」と言い出すのを心待ちにしていたはずですが、素振り(そぶり)にも見せない。せっかく20年かけて食いつかせたのに、ここで慌(あわ)てて早合わせして取り逃がしたら元も子もない。そんな心境だったのでしょう。

「いつ頃にしようか。こっちの仕事の整理もあるから、来年ぐらいかな」と私が向けると一転、急かされました。

「何言ってるんだ。来週でも、再来週でも、戻るんだったら1日でも早いほうがいい」

結局、マーケティング会社の残務整理や引き継ぎもあったので玉子屋と行ったり来たりの状態が2ヶ月ほど続いて、年明けの1997年1月、正式に玉子屋に入社することになりました。

それからの事業承継は、1章でお話しした通りです。

実は子どもの頃からさりげなく二代目教育を仕込まれていた

玉子屋の沿革と私の半生を同時並行で振り返ってきました。

私が弁当屋という家業を嫌っていて、家業を継ぐ気がなかったのは前述の通りです。会長も私に「玉子屋を継げ」とはひと言も言わなかった。しかし、会長はかなり早い段階から後継者育成、二代目教育を意識していたそうです。

会長に言わせれば、「経営者になる人間を育てるには、子どもが3、4歳の頃から教育しないと間に合わない」のだとか。
経営者として成功している人間は大体子どもの頃に経営者にとって大切な価値観を植え付けられている。これは大人になって身につくものではない、生まれながらにしてよほどの才能を持っている者でない限り、経営者にしたいなら早くから教育しなくてはならない。

早期の二代目教育の必要性について、会長からそのように教わりました。

二代目教育は学校教育とは違います。押し付け教育でもない。エリートを育てる英才教育のような形で勉強させても、金太郎飴のように個性のない二代目ができ上がるだけです。

まず大事なのは子どもがどのような性格、タイプなのかを見極めること。そこから何を念入りに仕込まなければならないか、どこを矯正しなければいけないのか、後継者に育て上げるために必要な素養というものが見えてきます。

会長は私が４歳のときに私の性格を見抜いて、前述のように小学生から私をリトルリーグに放り込みました。小学校３年生からは毎日欠かさず３キロ走らせた。経営者にとって必要な人間力の基本なり基礎体力を小学生の頃から仕込まれていたわけです。

弁当屋の二代目教育という意味で言えば、味覚は物心がついた頃から鍛えられました。天然マグロのトロと養殖マグロのトロの違いなど、味の違いについては小さい頃から徹底的に叩き込まれた覚えがあります。味を感じる舌の味蕾（みらい）は子どものうちはどんどん増えて12歳をピークに減っていくので、子どもの頃から味覚を鍛えることが重要だそうです。

私自身、二代目教育を施されたという意識はまったくありません。普通の家庭教育の一環として受け止めていました。「あれにはそういう意味があったのか」と振り返って思うだけです。

父親として「ああしろ、こうしろ」と直接言われたこともほとんどない。記憶に残っているのは二つだけ。

一つは「バイクには乗るな」。オートバイだけは自分が悪くなくても、致命的な事故になるから、と（大学時代にこっそり中型免許を取って、友達のバイクに乗っていましたが）。

もう一つは結婚についてで、「惚（ほ）れられて一緒になれ」。結婚は自分が惚れるよりも惚れてくれた相手としたほうが絶対にうまくいく。昔から二人きりになると「俺なんか全然たいしたことないが、いい嫁さんをもらったから何とかなったんだ」とこっそり女房自慢をされながらよく聞かされました。こちらの「言いつけ」は幸い守れたような気がします。

この二つの「言いつけ」にしても、今にして思えば「二代目」を前提にしていたひと言でした。しかし繰り返しますが、会長は「会社を継げ」という類いのことは一切私に言わなかった。

私が、言われたことに反発する天邪鬼な性格だったこともありますが、私が自分で進路を決断して社会で働くようになったとしても、どこかで玉子屋の魅力に気づけば、いつか玉子屋で働きたくなるだろうと会長は思っていたそうです。

「いつか」に備えて、経営者として十分な資質を持った人間に育てておく。二代目として十分に精神修養できたという自信があったから、私が玉子屋に入った途端に経営を任せることができた。会長はそう言います。

1章で親子の間柄が中小企業の事業承継を難しくしていると指摘しましたが、玉子屋の場合、会長が早めに後継者のタイプを見定めて、当人が意識しない自然な形で二代目教育を施してくれたことが、結果としてスムーズな事業承継につながったと思います。

4章 社員の心に火を灯せ

同業者からのひきょうな嫌がらせ

最近、ショッキングなことがありました。ある月に１００食の大口契約を他社に取られてしまったのです。それも2ヶ所、合計２００食分です。

私が玉子屋に入って20年以上が経過しましたが、こんなことは初めてです。

玉子屋が目立って食数を伸ばすようになってから、他社の標的にされることが増えました。玉子屋に発注してくださるお客様に、ほかの弁当屋が営業をかけるとき、「玉子屋はいくらで卸していますか？」とは聞かない。

「玉子屋のマイナス50円でやります」

こんな調子で価格競争を仕かけてきます。

ときには3社、4社がタッグを組んで潰しにかかってくることもありました。1社が1週間弁当を無料で配るとして、4社が組めば1ヶ月無料で弁当を配れます。その分、玉子屋への発注がなくなる。

90年代後半には、弁当を盗まれて公園にばらまかれたり、配達員が後を付けられて弁当に異物を入れられたこともありました。そういうタイミングで玉子屋の得意先に営業をかけて、注文を取るのです。

競争を勝ち抜くために目には目を、というわけにはいきません。私たちはそういうひきょうな真似は絶対にしない。ただし、「3倍返し」というルールを決めていました。10食取られたら、「悔しくないのか。ウチのほうが美味しいんだから1ヶ月以内に30食取り返してこい！」と発破をかける。

「3倍返し」を徹底していたので、ほかの業者に取られるたびに、逆に食数は増えていきました。

低価格で勝負してくる相手からどうやって3倍返しで取り返すのか。

値引きをして一時的に取り返したとしても、不毛な消耗戦に陥（おちい）るだけです。だから値引きはしません。

４５０円の玉子屋の弁当に対して競合相手の弁当が３８０円だとしたら、70円の価格差をお客様に説明して、いかに納得してもらうか。やはりこれが大事です。

たとえば原価率の高さ。

玉子屋は食材にお金をかけています。しかも、数万食分という大量仕入れによって仕入れ値を下げたり、クオリティの高いプライベートブランドをつくってもらっている。だから私たちが謳っている「50数%」という原価率は、他社の原価率で言えば60%ぐらいに相当するはずです。それぐらい自信はあります。

そのプライベートブランドのフライにしても、衣は極力薄くして、揚げる油も使い回しではなく、継ぎ足し継ぎ足しで酸化を抑えて、常に新鮮な油で揚げるように心がけています。だから「玉子屋の揚げ物はヘルシーで胃にもたれません」と堂々アピールできる。

弁当箱を回収するときなどに、こうした説明をきちんとしていけば、他社につけ込まれにくくなるし、3倍返しで取り返すときにも強力なセールストークになります。

私が玉子屋に入ってメニュー改革に取り組んだのは、クオリティを高めてお客様に喜んでいただきたかったからだし、「玉子屋の日替わり弁当」を強固なブランドにしたかったからです。

社員の皆にも自社の弁当に自信とプライドを持ってもらいたかったし、お客様に玉子屋の弁当を美味しく食べていただくことに喜びを感じて仕事をして欲しかった。

そのための社員教育にもじっくり時間をかけて取り組んできたつもりです。それだけに1000食の大口契約を同じ月に2ヶ所も取られたのは非常にショックでした。

「6万食も7万食も売っていて、そんな数を気にするのか」と思われるかもしれませんが、何が潮の変わり目になるかわかりません。

築き上げた信用も崩れるときは一瞬。ほんの1回のミスが命取りになる。何も口出ししなかった会長から、それだけは何度も言い聞かされました。

企業では弁当もコストの一部

100食の大口契約を取られた理由はすぐに判明しました。2件とも人為的ミスです。

1件は先方の担当者の機嫌を損ねたことが原因でした。

決して悪気はないのですがあまり愛想がよくない配達スタッフがいて、総務部の担当者から嫌われてしまった。

「あの人が配達するなら、もう取らないわよ」とクレームを受けていました。にもかかわらず、エリア担当の上司が当人にきちんと話をしなかったために、その後も態度を改めることもなくそのスタッフが配達を何度か繰り返した。結局、クレームを放置する形になったわけです。

担当者としては弁当の発注先を変えたい。しかし、その会社でも玉子屋の弁当は美味しいと評判だったので担当者の独断で簡単には変えられない。そこで従業員にアンケートを取りました。当然、「美味しいけれど、こういうところを改善して欲しい」という意見も出てきます。

そのアンケート結果を役員に上げて、「こういうところを直して欲しいとお願いしても改善が難しいようなので、ほかの業者に替えます」という話に持っていかれてしまった。

もう1件はネットでご注文いただいていたお客様です。

玉子屋では約1割がネット注文ですが、そのお客様から「現金売りをやって欲しい」という要望があった。

現金売りというのは、先方のオフィスの一角を借りて昼休み時間などに弁当を現金で売ることです。注文とは違って、30個なり、50個なりの弁当を持ち込んで、売り切れ御免で売り捌く。売り子は配達スタッフがそのまま務めることもあれば、そのための人員を派遣するケースもあります。

すでに現金売りをしているオフィスは何十ヶ所もあるのに、エリアの担当者が勘違いして「ウチはそういうのはできません」と言ってしまった。

「あれ、玉子屋さんは現金売りできると思ったけど、できないなら……」と先方の担当者が上司と相談して、現金売りできる業者に乗り換えてしまった。

本当に単純なミスです。それで100食失った。

一度手放した注文はそう簡単には取り返せません。特に大企業は業者の選定も決済があります。すぐに元の業者に戻すとなれば、「だったら何で変えたんだ？　玉子屋のままでよかったじゃないか」という話になって、責任問題に発展してしまう。

総務や人事の担当者の中には弁当をうまく絡めて出世したいと考える人もいます。

会社が弁当代を一部負担しているような場合は、450円の弁当を390円の弁当に変えるだけで60円経費が浮く。60円×社員数×年間でそれなりのコストカットになります。

新しく役員になった人が経費削減の手柄欲しさに弁当業者を変えることだってある。

逆に波風を立てたくないという担当者もいます。自分が担当のときに業者を変えて問題が起きたら困るから、とにかく現状維持を志向する。

取られた200食を「3倍返し」で取り返すとなれば1ヶ月で600食。

食数が勢いよく伸びていた頃ならいざしらず、今は同業他社も頑張っているし、コンビニエンスストアやファミリーレストランなどの外食、街の中華屋や飲食店までランチメニューを充実させています。簡単に600食が取り戻せる時代ではないのです。

逆に言えば、あまたの昼食メニューがある中で、「私は玉子屋の弁当が好き」と思っていただけたら、これほど心強いことはありません。「ウチは玉子屋に決めてますから」とお客様が他社の営業を門前払いにしてくれることだってあるんです。

玉子屋の「信者」が一人でも増えるように、弁当の魅力と説得力を高めるのはもちろんのこと、お客様にそれをご理解いただけるようアピールすることも大事だと思います。

「悪ガキ」が玉子屋で輝き出す理由

企業は人なり。

松下幸之助（まつしたこうのすけ）さんの有名な言葉です。

いつの時代も企業にとって最大の資産は「人」です。資産が乏しい中小企業ともなれば、競争力の源泉は「人」しかない。

いかにスタッフを優秀な人材に育て上げていくか。いかにスタッフのやる気と能力を引き出していくか。玉子屋の成長の源泉も、突き詰めれば「人」に尽きると思います。

しかしながら、中小企業では人材確保もままならない。弁当業界も恒常的に人手不足に悩まされてきました。特にバブル期などは人ひとり雇うのも厳しかったと会長から聞いています。

玉子屋に集まってくるのは、世間一般で言う「優秀」な人材ではありません。学校で落ちこぼれたり、夢を追いかけていたり。その夢に破れたり、どこかでつまずいたり、挫折をしてドロップアウトしたような人間が多い。元番長もいれば、元暴走族もいる。高校や大学を中退したフリーターも珍しくありません。

そんな社員のことを会長は親愛の意を込めて「悪ガキ」と呼んでいました。中には集金してきた会社の金を使い込んだ者もいます。しかし会長は「悪ガキ」を積極的に採用して、玉子屋の貴重な「戦力」に育て上げてきました。

彼らの中に眠っている能力、本人が気づいていない可能性を見極め、「原石」として採用し、その能力と可能性を開花させてきたのです。

なぜ「悪ガキ」を好んで採るのか。会長は養殖の魚と天然の魚を例にこう説明してくれたことがあります。

「養殖の魚は生け簀の中で餌をもらって育つ。人間で言えば親や学校の先生が敷いたレールの上を走るタイプだよ。決められたことは守るし、言われたことは上手にこなすかもしれないが、人間自身が持っているエネルギーは少ない。

一方、天然の魚は自ら餌を取る。人間で言えば自分で物事を考えて決めてきたタイプ。

悪ガキたちはこれに当たる。そういう人間は心の中に大きなエネルギーを持っている。ウチの社員は天然ものばかりだからね。心に火がつくとすごい力を発揮するんだ」

玉子屋には根性のある「天然もの」が入ってきます。喧嘩の仲裁に入って指を食いちぎられたり、通り魔事件に遭遇してケガを負いながら出社してきた猛者（もさ）もいる。腹から血が滲（にじ）んでいたので、「どうした⁉」と尋ねたら、「昨日、駅前で刃物を振り回してるヤツがいて、止めに入ったら刺されました」という。「大丈夫か」と心配すると「午前中の配達は大丈夫です。やらせてください。でも午後は早退させてください」。

そんなエピソードを挙げたらきりがありません。

ビジネスには決まった答えがあるわけではありません。

特に玉子屋は刻一刻と注文状況が変わるので、その日の朝に決まったことを数時間後に変更するなど日常茶飯事です。弁当の配達にしても、配る弁当の数やルートが1日のうちに何回も変更されます。

そうした状況下で、機転を利かせてテキパキと動けるのが、「天然もの」の悪ガキ社員なのです。「養殖もの」は指示通りにやらなければと考え過ぎるから、何か変更があると動揺したりフリーズして、的確な判断が下せないことが多い。

顧客志向という点においても、「悪ガキ」社員のほうがしっかりお客様に向き合おうとする傾向が強いように思います。

普通の会社員はお客様からの評価よりも、上司からの評価を気にします。ところが「悪ガキ」社員は上司の顔色をうかがうよりもお客様が気になるというタイプが多い。褒(ほ)められた経験が少ないから、お客様から褒められることが何より嬉(うれ)しい。だからお客様のためなら上司とも平気で喧嘩する。

玉子屋ではスタッフが「もっとお客様のために改善したい」と上司を突き上げる場面を、日常的に見かけます。

採用のポイントは「素直な心」、「感謝する気持ち」、「他人のせいにしないこと」

荒削りな「原石」をどう見極めるか。新卒にしても、中途やパート、アルバイトにしても、やはり採用時の面談が重要になります。

私が玉子屋に入る以前、採用は会長の仕事でした。

身内を褒めるのは気が引けますが、会長の人を見る目は本当にすごい。面談で目を見て言葉を交わせば「コイツはものになる」とか「口だけで言っている」とわかると言います。私自身、人事を動かすときに会長の助言に随分助けられました。

「子どもの頃に命からがら大陸から引き揚げてきたり、田舎でいじめられたり、ガキ大将で子分を引き連れていた経験がものを言っている」と本人は言いますが、社員は皆、不思議がる。

どういうタイプがものになるのか、一概には言えないそうです。見た目だけは判断できない。一見、反抗的な態度に見える人もいれば、表面上はイエスマンを演じる人もいる。ただ、ものになる「原石」の多くに共通することがあります。それは何かの理由でドロップアウトしたとしても、親や親戚あるいは周りの誰かから愛情を受けているということ。特に上に立って人を使う仕事ができるかどうかは、子どもの頃に誰かしらの愛情を受けていることが大きな鍵で、「そういう人は他人に対する寛容さ、許容範囲を持ち合わせている」と会長は言います。

一方で、「コイツは使えない」というタイプにもある程度の共通点があるとか。代表的なのは何でも他人のせいにするタイプ。

たとえば「前の会社をどうして辞めたのか」と聞いて「自分なりに一生懸命やったが、

評価してもらえなかった」などと弁解するようでは見込みが薄い。この手のタイプには常に言い訳がついてくるからです。

自分レベルで頑張るのではなく、他人が要求するレベルで頑張る。そうでなければ世の中では通用しません。


私が入社した1997年以降、採用も会長から私が引き継ぎました。会長の眼力には及びませんが、私なりに面談で重視していたポイントは三つです。

「素直な心」、「感謝する気持ち」、そして先代譲りの「他人のせいにしない」。

学校の成績などは参考にならないからほとんど見ません。

一番大事なのは生い立ち。子どもの頃、どのような過ごし方をしたのか。ご両親や兄弟との関係はどうだったか。どのような愛情を注いでもらったか――。

「自分の性格をどう思う？」とか、「自分は親友からどう思われてると思う？」などと質問して自己分析させつつ、具体的なエピソードを引き出します。

そうした会話のやり取りから、「素直な心」、「感謝する気持ち」、「他人のせいにしない」といった心性がどれほどかを探る。

それから自然な笑顔ができるかどうかも大事なポイントです。

緊張する場面ですから、なかなか笑顔は出てこない。「笑ってごらん」と言っても引きつって笑えない子が今でもいっぱいいます。男の子でも女の子でも。

配達スタッフに笑顔は必須だし、内勤でも笑顔で働いている人は気持ちがいい。だから自然な笑顔ができる人材は得点が高いのです。

人材は、入社してから育てればいい

しばらくして私の右腕の幹部が育ってきたので、2003年くらいからその社員に採用を任せることにしました。

ところが、あるとき、配達スタッフの班長から異議が申し立てられた。

要約すれば「あんたらが選んだ新人が現場に送り込まれてくるけど、ろくでもないのばかりで頭にくる。自分だったら、こんなヤツは最初から採用しない」とのこと。

同じような意見がほかの班長からも聞こえてきました。

玉子屋ではマンパワーを最大限に活用するために現場への権限委譲を積極的に行なっています。配属されてくる人材に不満があるなら「自分で面談すればいい」という話になって、採用も現場に任せることにしました。

たとえば募集をかけて何人か面談することになったとします。班長や部門長全員に履歴書を渡して、「この人が欲しい」とか「今、うちの班は人手が足りないから誰か欲しい」と思ったら、立候補して自分で直接面談する。複数の班長が「欲しい」場合には、複数で面談します。

自分で面談して採用した人材が自分の班に来るわけですから、文句は言えない。採用したからには戦力に育て上げる責任も生じます。

上手くいくケースもあったのですが、面談で印象がよかったから採ってみたものの、「ダメだ、こりゃ」という見込み違いのほうが多かったようです。そのうちに班長たちのほうが音（ね）を上げました。

「すみませんでした。自分で採用した人材を育てるのにこんなに体力と気を遣うとは思わなかった。こんなことなら来た人を育てますから、元に戻してください」

「だろ？　今後は文句を言うなよ」と念押しして、私の右腕を採用担当に戻しました。

その右腕もほかの業務が忙しくなってきたので、２年ほど前からもう一人の幹部社員を加えて２人で採用を担当しています。

私は完全にノータッチ。担当者の人を見る目はまだまだなので、多少の不安はありますが、基本的には入ってから教育すればいいいと割り切って考えています。

「素直な心」、「感謝の気持ち」、「他人のせいにしない」この三つがあれば絶対に育てる自信はあります。逆に言えば、この三つが大きくズレている人は育てるのに手間がかかるし、最悪育たない場合もある。

だから面談で生い立ちを聞くなどして判断していたわけですが、残念ながら今はそれができなくなってしまいました。

個人情報保護法や男女雇用機会均等法などの法整備が進んだ今日においては、採用活動に際して、「本人に責任のない事柄」や「本来自由であるべき事柄」に関して情報収集してはいけないとのお達しが厚生労働省から出ているからです。

たとえば、「生まれはどこ?」などと本籍や出生地を尋ねるのはNGだし、「お父さんの職業は?」とか「ご両親は健在?」とか「お兄さんは大学卒?」といった質問も個人情報につながるので不適当。家庭環境や生活環境についての質問もできないし、宗教や思想信条はもちろん、愛読書すら聞けません。

緊張を和らげるための世間話にも気を使わなければならない。面談で相手の本質を見抜くのが本当に難しい時代になったと思います。

あえて大卒を採用する必要はないとわかった

私が入社した1997年に玉子屋は初めて大卒者を新卒採用しました。

それまでは弁当屋に大卒者がやってくるなんて考えられないことで、アルバイトに「社員にならないか」と声をかけるのが採用活動のようなものでした。

きちんと新卒を採って、毎年4月には新人が入ってきて、社員たちには可愛い後輩ができる。そんな普通の「会社」にしようということで、この年から新卒採用を始めた。最初の年は確か、大卒4人、高卒3人を採用したと思います。

それから3年連続で新卒を採用したのですが、だんだん「新卒採用に意味があるのか」という空気が社内に立ち込めてきました。

なぜなら、大卒で入ってきた社員よりも叩き上げのアルバイトのほうが全然仕事ができるということが、誰の目にも明らかになってきたからです。

中卒、高卒の「悪ガキ」たちのほうがよっぽど頭の回転が速いし、融通（ゆうずう）は利くし、リーダーシップも取れる。人も育てられる。

大卒者が将来、経営幹部になるとは限らないことがよくわかりました。

結局、2000年からは新卒、大卒にこだわらず、その都度その都度でご縁のあった人を通年で採用することにしました。

4月入社組は一応新卒の正社員という形で採用しますが、1年を通じて適宜、アルバイトや正社員を募集する。通年採用では基本的にはすぐに社員では採用しません。全員まずアルバイトとして入社してもらいます。

正社員希望の場合は、全社員にそれを告知した上で、3ヶ月ごとの試用期間を設けます。アルバイトとして3ヶ月働いてもらった上で、その人が正社員にふさわしいかどうか、会議をして決める。

「ふさわしい」という結論になれば社員として受け入れるし、「ふさわしくない」となればアルバイトのまま。早ければ半年で社員になるケースもあれば、社員希望でも2年間アルバイトのままというケースもあります。「社員になれないなら」とアルバイトを辞めてしまう人もいれば、「社員になるまで頑張ります」とアルバイトを続ける人もいる。

今は継続的な採用はしていませんが、大卒者を採るようになって社内の雰囲気も変化したように思います。菅原一族の「家業」から「企業」に、玉子屋が変わりつつあるという自覚を社員それぞれが持つようになった。

「上場こそしてないけど、最近はテレビや雑誌でも取り上げられるし、大卒も入ってきた。結構しっかりした会社なのかな」などと少し誇らしく思ってくれるようになったり。

それまでは仲間意識の強さでうまく回っていた部分もありました。しかし、大卒者が入ってきたことで「今に見ていろ。大卒に負けるもんか」という競争意識も芽生えた。勝手にライバル視された大卒社員としては風当たりが厳しくて、つらいものがあったかもしれません。

もちろん、経営者としては幹部候補のつもりで大卒を採ります。頑張って叩き上げの先輩社員を抜いて、皆に認められて、2年後、3年後には配達エリアのリーダーぐらいにはなって欲しい。「そのつもりで給料もボーナスもアルバイトとは違う体系になっているんだから」と本人たちにも言い聞かせていましたが、なかなか思い通りにはならなかった。

それでも「あえて大卒を採る必要はない」という教訓を得られたことには意味があったと思っています。大卒募集をやめたわけではありませんが、就職セミナーに参加したり、会社説明会を開いたり、わざわざコストをかけてまで大卒者を採りにはいかない。「ご縁があれば」でいい。

近頃は大卒よりも高卒を採って鍛えたほうが効率的ということで、ここ数年は高卒の新卒採用を増やしています。2017年4月の採用について言えば、高卒を5人（女子4人、男子1人）、大卒を1人採りました。

玉子屋には大手企業のような社員向けの細かい研修プログラムがあるわけではありません。業務の基本は古いスタッフが新しいスタッフに教え、また現場でスタッフ自身が技術を習得していく。そうした「学び」は、若くて柔軟な高卒のほうが素直に受け入れられる。

今後一層求められるITやAIのようなICT教育（情報通信技術を駆使した教育）についても、必ずしも大卒が有利ということはありません。

それに高校卒業したての若い世代が入ってくると社内の刺激になります。たとえば弁当の注文を受ける事務スタッフは約100人います。そこに自分の娘と同じくらいの新人が4人入った。すると「しょせんは高校生よね」などと言いながらも、一生懸命新人に仕事を教える。新人もそれに応えて一生懸命仕事を覚えようとする。

春にやってくる新人が刺激になって、会社全体が活気づく、という効果は少なからずあるようです。

欠かせない外国人の労働力

外国人スタッフについてもひと言触れておきたいと思います。

人手不足が常態化している外食産業、弁当業界では、今や外国人の労働力は欠かせません。コンビニに並んでいる弁当やおにぎりにしても、その多くは外国人によってつくられています。

玉子屋でも弁当の盛り付けなど製造部門では、技能実習生などの外国人の働き手が増えています。これは玉子屋に限ったことではなく、日本人スタッフの高齢化が著しい製造部門では、いずれの産業も外国人なしには成り立たない状況と言えます。

外国人だから安く使おうなどという考え方はまったくありません。玉子屋では社員になると日本人も外国人も同じ給料を払っています。その意味では国籍不問です。

一頃はブラジル人やイラン人が多かったのですが、今はネパールやタイ、ベトナム、フィリピンの人が多くなりました。

東日本大震災以降、外国人労働者のお国柄も変わってきたように思います。

ネパール、タイ、ベトナム、フィリピンの人たちは総じて皆、素直でよく働きます。日本人と結婚したり、子どもをつくって、日本に骨を埋めようという覚悟のある人は、本当によく頑張る。日本人以上に努力して、正社員になった外国人スタッフも何人かいます。

外国人を雇用している以上、不法就労には注意を払わなければなりません。

過去に直接雇用していた外国人が本人も知らないうちにパスポートが偽造されたことがあって、一度、会長が警察に出頭したことがあります。

これ以後は外国人の直接雇用はやめて、派遣会社や技能実習生を受け入れる監理組合などのワンクッションを入れて採るようにしました。ただし、日本の国籍を取っている外国人については直接雇用しています。

少子高齢化で年間30万人超ずつ人口が減っている日本では、今後、労働力の確保が大きな課題になります。機械化やＡＩなどによる自動化だけでは現場の労働力不足は絶対に補えません。移民の是非を含めて、外国人労働者を受け入れるための方策がこれからもっと真剣に議論されるようになると思います。

人手不足に悩んでいる我々のような中小企業にとっては、外国人労働者はもはや欠かすことができない存在になっています。玉子屋では今後も外国人スタッフの割合は増えていくでしょうし、配達スタッフの半分が外国人になる日がやってくるかもしれません。

適材適所で徹底した能力主義

玉子屋は調理や盛り付けなどを担当する調理・炊飯スタッフ、電話注文などを受け付ける事務スタッフ、そして配達と営業を担当するサービススタッフという三つの部門に大きく分けられます。

直接お客様とコンタクトするのはサービススタッフですが、彼らは契約しているお客様企業からの評判もいい。「とても感じがよくてしっかりしている。いったいどうやって教育しているのか」と尋ねられることもしばしばあります。

サービススタッフは配達コースごとに20の班があって、各班に班長がいる。班長を中心に約200人のスタッフが配達・営業活動を進めています。

彼らはただ弁当の配達と容器の回収をするだけではなく、営業も仕事です。

取引先の担当者と密なコミュニケーションを取ることは大事な仕事で、次の日の弁当の見込み数を決定するのに欠かせない情報をここで仕入れます。密に挨拶を交わして世間話でもしていれば、取引先の担当者が明日の会社の予定など弁当の食数に関連するような情報をいろいろ話してくれるものです。

　また、自分が担当するルートに新しいビルが建設されていることなどに気づいたら、どんな会社が入っているかを調べて、営業ができそうなところがあれば前もって新規開拓をする。そういう手間をかけながら小まめに営業して、新しいお客様を獲得するのも、サービススタッフの仕事です。

　毎日、夕方5時頃、弁当を届けたオフィスから容器を回収し終えた配達スタッフが本社に戻ってくる。ひと息入れる間もなく、それぞれの班ごとに会議が始まります。

　お互いの仕事がどうだったか、お客様の様子はどうだったかなどを熱く語り出す。ミスがあったときにはどうしてミスが起きたのか。今後どうやって同じミスを防ぐか、議論が交わされます。

　玉子屋では社員、アルバイトは雇用形態の違いであって、そこに上下関係はありません。あくまで能力主義なので、アルバイトで班長を務めている者もいます。

　ときにはアルバイトが社員に向かって「社長からお金をもらっているんじゃない。お客様からもらっているんだ！」などと熱い意見を言うことも。ダラダラとお題目を唱えているような形骸化(けいがいか)した無駄な会議も少なくありませんが、玉子屋の会議はとにかく熱い。

アルバイト上がりながら、メキメキ力をつけてきたので班長に抜擢した社員がいました。タナカ君（仮名）です。ところがタナカ君の部下から「あの人にはついていけない」と抗議が入った。タナカ君は頑固な男で、自分の意見を曲げない。部下の意見にも耳を貸さないというのです。

どうしたものかと思っていた矢先、今度はタナカ君が隣の班の班長と大喧嘩をして、「辞めます」と言ってきた。

エリアが隣り合った班長同士は、エリアの端境（はざかい）にあるような顧客の担当をどちらが受け持つべきか、配達ルートや配送効率を考えて話し合いで調整することがあります。しかし、タナカ君と隣の班長はまったく折り合いがつかなかった。

せっかく力をつけてきた人材を社内のいざこざで辞めさせてしまうのはもったいない。タナカ君も「玉子屋が嫌いになったわけではない」と言うので、まったく別の班に移動させることにしました。班長のままでは社内的にしめしがつかないので、一度降格させて副班長として。

移動先の班で気分一新頑張ってくれればよかったのですが、副班長としての仕事ぶりには特筆すべきところはなし。しかし配達ルートのコース編成をやらせてみたら、これが意外な才能を発揮しました。その班の班長以下、誰も想像していなかったようなルートを考えついて、配送効率が格段に上がったのです。

人を使うマネジメントが不得手なタナカ君が、コース編成に長けているというのは大発見でした。そんな能力があるなら班単位の仕事ではなく、各エリアのコース編成を横断的に見直して改善していくルートづくりの専門家として活躍してもらうことも可能です。

仕事はすべてがうまくいくわけではありません。小さな失敗はたくさんある。どこに目を瞑って見逃すかということも大事だと私は思っています。それを繰り返しているうちにタナカ君のケースのように長所が見えてくることがある。

長所を伸ばせるポジションにつけてあげれば、会社の中で輝ける。人材も生きる。それが適材適所ということなのでしょう。

一つの班は一つの会社とみなし、権限と責任を渡す

20班からなるサービススタッフの班体制は、単に配達エリアを振り分けて効率よく弁当を配達するための仕掛けではありません。

私は班それぞれが一つの会社というイメージを持っています。

たとえば、ある班は配達ルートが12コースあって、12台の配達車両を持っているとしましょう。１台で１日４００食の弁当を配達するとすれば12台で４８００食。１日５０００食弱を配るということは、年間で５億円分の売り上げに相当する。

言ってみれば、その班は売り上げ５億円の中小企業のようなものです。

班長は「社長」であり、すべての権限と責任を持っていて、班の業務をマネジメントします。

サービススタッフの基本業務は、午前中に４００食の弁当を配達し、午後に４００食分の容器を回収することです。空いている時間に昼食をとり、ほかの会社に営業をかける。

班には営業が得意なメンバーもいれば、苦手なメンバーもいます。班長としては営業が得意なメンバーにはバンバン営業の仕事をしてもらいたい。そのために午後の容器回収の仕事の負担を減らして、営業に回らせる。配達車に積み込んだスーツにピシッと着替えて、気合いを入れて新規開拓に臨むスタッフもいます。

負担を軽くした分は、営業の苦手なスタッフに振り分けて、たとえば６００食分の容器を回収させる。そのような差配も含めて、班長は自分の班（会社）の売り上げと利益を伸ばすためにあらゆる努力をする。

食数を伸ばすのが難しいエリアもあります。五反田のように立地はよくても、企業がどんどん減っているところもある。最近は五反田にスタートアップ企業が集まる傾向が出てきているようですが、残念ながら玉子屋とご契約いただけるような規模の会社はまだ増えていません。

食数が伸びないエリアでは、配達車に積み込む平均食数が200食台という班も出てきます。そのような難しいエリアを担当していても、配達ルートを編成し直すなどして1台当たりの平均食数を上げていけば、車両を1台減らせるかもしれない。コストダウンで利益に貢献することも可能なわけです。

20の班それぞれが一つの会社のように自分たちで考えて自由に動く。

昼休みにどこかの公園で待ち合わせて班会議を行なって、夕方本部に帰ってきたら集金の勘定だけして、残業なしでさっさと解散するチームもあれば、昼休みは各人自由に休んで本部に戻ってから10分、15分の班会議をして帰るチームもあります。

班のメンバーには年俸制の社員もいれば、時給制や日給制のアルバイトもいる。雇用形態や給与も当人と班長とで話し合って自由に決めていい。

ただし、本部に帰ってきてからダラダラしていてタイムカードを押し忘れたりすれば、時給制のメンバーの手当てが増えます。当然、売り上げに対する人件費率が上がる。

各班のそうした数値は細かく管理していて、月に1回の営業会議で「君の班の○○君は残業代が増えているようだけど……」と班長に注意を促すこともあります。

逆に「来月は全員で営業をかけるので、ウチの班の残業代は増えます。こういう見込みがあって食数は最低限これだけアップするし、費用対効果は大いに期待できる。だから任せてください」と班長がアピールしてくる場合もあります。

班長のリーダーシップの下で各班それぞれにチームワークよくやっていますが、前述のタナカ君のようなトラブルもたまに起きます。何か問題が生じた場合には、ほかの班にメンバーを異動させることもある。

仕事になじんでくれれば、得意不得意、向き不向きも見えてきます。

営業が得意だったり、「もっと営業をやってみたい」と思っても、五反田エリアではなかなか営業先がない。そういう場合は、タイミングを見て横浜など営業しがいのあるエリアに回ってもらう。

また、何かトラブルを起こしたり、「ウチの班では育てられない」と見限られた新人スタッフを、「彼はそんなに悪くないと思う。それならウチで育てるよ」と別の班が受け入れて、トレードに発展するケースもあります。

コミュニケーションは飲み会で

各班の数値データを見ようと思えばいくらでも見られますが、私は見る気はありません。私が見ているのはあくまで玉子屋全体の数字。1日の食数、月の売り上げや利益、経費とのバランスなどをチェックするだけ。そこに乱れがあれば問題や課題を抽出して問題解決に導くのが社長の仕事です。

したがって各班の細かな動きは把握していません。「今、5班はどういうルートで配達しているか?」と問われてもきっと答えられない。しかし、日々、お客様と直接コンタクトするのはサービススタッフです。彼らは玉子屋の「顔」でもある。だから班のメンバー構成や雰囲気というのは常に気にかけています。

どのスタッフが社員でどのスタッフがアルバイトか、前向きに社員を目指しているスタッフはどの社員か、くらいはすぐにわかる。というのも、毎週金曜日に班ごとの飲み会があって、私もそれに参加しているからです。

私が玉子屋に入ったときは社員が50人くらいでしたから、飲みニケーションも楽でしたが、今はサービススタッフだけで２００人います。20班あるから、飲み会も20ある。毎週金曜日にどこかの班の飲み会に参加するとして、全部回るのに20週、つまり４、５ヶ月かかってしまう。

そこで今は金曜日に３班同時に飲み会をやってもらって、私は１時間ずつ顔を出すようにしています。３班ずつなら月12班の飲み会に参加できるので、２ヶ月周期で全部の班を回れる。原則、私が参加した飲み会の会計はすべて私持ちです。

あくまで飲み会ですから、難しいことは言いません。班のメンバーとリラックスした気分で話をする。新人のアルバイトにも声をかけます。事前に班長から仕事ぶりや趣味その他の情報を得ているし、「こういうことを言われると喜ぶので、飲んでいるときにひと声かけてやってください」と頼まれることもあります。

「班長から聞いているよ。頑張ってるらしいじゃない」とひと言かけてあげるだけで、「班長は自分のことをちゃんと見てくれているんだな。明日からも頑張ろう」という気持ちになる。

人と人が心でつながるためにはやはりコミュニケーションが必要です。しかしタイムカードを押して出社して、タイムカードを押して退社するまでの就業時間内だけでコミュニケーションを取るのは大変難しい。時代が違うと言われるかもしれませんが、私にとっては今でも飲み会は有効なツールです。

班の飲み会には担当の事務スタッフも参加します。

電話などで注文を受けて伝票を切る事務スタッフは全員女性で、それぞれの班に担当がついています。彼女たちは注文を受け終わると12時には退社する。サービススタッフが帰ってきた頃にはいないので、顔を合わせたことがない。声しか知らないのです。

そこで、都合が合うようなら班の飲み会に参加してもらうことにしています。飲み会が始まった瞬間、サービススタッフは事務スタッフに「いつもお世話になっています」とお酒を注ぎにいく。これが絶対のルールです。

事務スタッフを味方につけなければ仕事は成り立ちません。配達が遅れそうになったときに、「申し訳ございません。あと5分ほどで到着しますので、もうしばらくお待ちください」とお詫びをしたり、お客様をなだめてくれるのは事務スタッフなのですから。

サービススタッフと事務スタッフの結束を強めるのも飲み会の効用です。

それから、これは余談になりますが、金曜日の飲み会ではちょっと元気な社員と私で腕相撲をするのが通例になってました。「俺とやるヤツ、いるか？」と声をかけると元気のいいのが威勢よくかかってくる。それを片っ端からやっつけると、「社長についていきます！」という雰囲気になる。そこが狙いです。腕っ節に自信のある悪ガキほど、私に腕相撲で負ければ素直に言うことを聞くようになります。

今だに現役バリバリと言いたいところですが、一度負けそうになった2、3年ぐらい前から、腕相撲勝負はやめました。私の代わりに鍛えた腕相撲担当の右腕が何人かいて、近頃は彼らに任せています。

「社長は神様のように別格に強い。俺に勝ったら社長とできるよ」などと吹聴して若手の挑戦を受ける。負かすと「ほらみろ。社長はこんなもんじゃないぞ」とか何とか言って、今ではすっかり神様扱いです。

社員のモチベーションは、やりがいと頑張りに見合った報酬

私は1997年に玉子屋に入ってから玉子屋を変えるための改革に着手しました。

メニュー改革などの目に見える改革ばかりではなく、力を注いだのは見えない部分の改革、すなわち社員の意識改革です。

中小企業の多くがそうであるように、私が入る以前の玉子屋も創業者である菅原勇継のリーダーシップが会社の原動力でした。社長と社員は親分子分のような関係で、「この親分についていけば食いっぱぐれない」と誰もが頼りにしていた。

率先して仕事は取ってくる。儲けは独り占めしないで、皆に公正に分配する。大きなミスをすれば怒られるけれど、決してクビを切ったりしない。

そんなトップだから、社員から慕われていました。

社長に褒められたいから、社長の喜ぶ顔が見たいから、社長に感謝の気持ちがあるから仕事を頑張る。「お客様のために」というスローガンは先代の頃から掲げていましたが、社員の意識が強く向いていたのは「お客様」というより、どちらかといえば「社長」だったのだろうと思います。

玉子屋が菅原家の「家業」だった時代はそれでも十分にやっていけました。

しかし、私が玉子屋に入った頃には食数は1日2万食に上り、業界大手に数えられる存在になっていた。もはや「家業」で収まる規模ではなくなってきたのです。

弁当ブームの先駆的な「企業」として、主力商品である弁当の質を高め、お客様にお届けする配達サービスの質を高めるとともに、社員の意識を変えていく必要がある。私はそう考えて、社員の意識改革を促すために、顧客第一主義と実力主義を徹底することにしました。

社長のため、会社のためではなく、お客様のために努力する。お客様に喜んでもらうためによりよいメニューを考え、弁当をつくり、お届けする。

自分の仕事が誰かのため、社会のために役立っているという意識は、仕事のやりがいや満足感につながります。

他方、自分の頑張りや実力に応じて報酬を得られるのが実力主義です。仕事のやりがいや満足感と実力に見合った報酬。この両方が得られる環境にあってこそ、社員は生き生きと働き、能力を発揮できると私は信じています。

「悪ガキ」社員たちのほうが顧客志向にマッチしやすいという話をしましたが、実力主義にも同じようなことが言えます。たとえ一時的に降格しても、腐らずに前を向いて働くのも「悪ガキ」たちなのです。

玉子屋では実績さえあればアルバイトでもサービススタッフの班長などの管理職に抜擢されます。結果、ときとして上司と部下が入れ替わる下克上人事が起きる。

かつての部下が上司になるような逆転人事が起きれば、普通の職場では微妙な空気になるでしょう。しかし玉子屋にはそれがない。

挫折を経験している「悪ガキ」たちは失敗から立ち直る術を知っています。だから降格されても、イチからやり直そうと立ち上がれる。実際、降格後に努力して、元のポストに戻れるのは、「悪ガキ」社員が圧倒的に多いのです。

実力主義は、平等なシステムではなく、公平なシステムを

実力主義や能力主義で大切なのは、評価が公正、公平であることです。

査定がいい加減では、社員の不信を買って、かえってやる気を失わせてしまうことにもなりかねません。

そのため玉子屋では配達部門の班長、調理や盛り付けなど各部門の責任者は、常に自分の部下の働きぶりをチェックし、評価しています。

たとえば盛り付けのパートだったら、「左手でホイルを敷くのと同時に右手で魚を盛り付けることができるようになった」ことが評価されて時給が上がることもある。社員やパート、スタッフたちからも意見を聞いて、多面的に評価するように心がけています。

玉子屋の調理スタッフが働き出すのは朝4時から。私が出社するのは9時ですから、朝早く働く社員やスタッフの姿を直接目にすることはほとんどありません。

それが理由で評価に不公平が出てはいけないので、本社3階に炊飯や調理、盛り付けといった製造行程を映し出すカメラ50台とビデオモニター2台を設置して、朝早くきて働く人たちの仕事ぶりをモニターできちんと見るようにしています。

能力評価の評価項目は部門ごとに違ってきますが、共通して重要視しているのが「指導能力」です。

調理力、営業力といった個人の能力に満足するだけではなく、その技術や知識を周りや下の者に教えて教育する能力のあるスタッフを高く評価しています。「指導能力」を能力評価で積極的に認めるようになってから、新しく入ってきたスタッフに対して熱心に指導する社員が増えました。

給与や賞与は雇用形態によって違ってきます。

基本的に社員は年俸制で、2月末から3月の初旬にかけて全社員が人事担当役員と面談して、前年の働きに対する評価と次年度の年俸が提示される仕組みになっています。

たとえば配達スタッフの場合、各班の班長が能力評価と実績に基づいてメンバーの年俸の希望額を提出します。それをベースにエリアの責任者や人事担当役員など数人で評価して金額を決めた後、私が「これぐらいだろう」と判断して最終的な金額を書き入れる。

最後の最後に班長に差し戻して、「こういう金額にしたけど、どうだろうか」と確認します。「彼は私の班にとって大事な存在なので、最初の希望額通りにしてもらえませんか?」などと要望が返ってきた場合には、必ず要望通りの金額にしています。

目覚ましい活躍をして大幅な年俸アップを勝ち取る社員もいれば、成績が振るわない社員の中には年俸が下がる者もいる。もちろん、社員側から査定に意見があれば、面談の席で話し合います。

自分の働きのどこがどう評価されたのか、すべてを明らかにしているので、玉子屋の人事給与制度は社員にとって明解で納得も得られやすいと思っています。

「実力主義を徹底している」と言うと、実績の上がらない社員、能力が不十分な社員を容赦なく切り捨てていくイメージを持たれるかもしれません。実際、実力主義の名の下に、余剰社員のリストラを進める企業もあります。

誤解して欲しくないのですが、玉子屋の実力主義はそのようなマイナスの実力主義ではありません。よりよく働く人、会社に貢献している人に対して、より高い報酬を支払う公平な人事給与システムなのです。

平等なシステムではなく、公平なシステムが人を動かすと私は思っています。

実力主義の結果、労働がこちらの要求する水準に達しない社員やアルバイトも当然、出てきます。その場合、年俸や時給のダウンとなる。ただし、仕事が求める水準に達しなかったからといって解雇することはありません。

本人に一生懸命働こうという気持ちさえあれば、玉子屋ではその人が働ける場所、活躍できるポジションを探す。実際、ほかの部署に移って活躍するようになった社員も少なくありません。

また直接仕事とは関係ありませんが、結婚して子どもがいるとか、老親の面倒を見ているといった社員の家庭の事情も考慮しています。

実力主義の徹底と言いながら、このあたりは「甘い」と言われるかもしれません。しかし、会長がそうだったように、私もやる気のある人間を切り捨てる気持ちにはなれないし、働く人間の個人的な事情もある程度は受け止めたいと思っています。同時に、会社に貢献してくれる人たちにはしっかりと報いたい。

お客様も社員も満足して、社会にも貢献できる「三方よし」の精神は大切にしながら、玉子屋を「家業」から「企業」へとステージアップさせることが自分の使命だと思って経営に取り組んできました。いくら会社が大きくなっても、社員が仕事のやりがいや働く喜びを抱けないようでは「三方よし」にはなりません。

玉子屋がずっと大切にしてきた家族的な雰囲気や社員の絆（きずな）というものは壊したくない。厳密な価値基準を必要とする大企業、上場企業では難しいことかもしれません。中小企業だからこそ、それが可能なのだと思います。

大規模な組織改革に着手

２０１６年１月に配達部門の組織改革を行いました。

20の班で構成される配達部門は、これまでは私が右腕と頼んでいる２人の幹部社員が統括してきました。

各班はエリアで分かれていて、それぞれのエリアのお客様を担当、管理していますが、顧客管理のレベルは班によってばらつきがある。そこで1日100食以上のご注文があるお客様についてはエリアに関係なく、2人の幹部社員が顧客管理をフォローしていました。

たとえば7班の班長がタカハシだとしたら、7班のエリアの100食以上のお客様に対して月1回は顔を出して先方の担当者とコミュニケーションを取る。

「今、タカハシが担当しておうかがいしていますが、様子はいかがですか？」

「タカハシに言いにくいことや、玉子屋に対するご不満、ご要望はございませんか？　私は社長と直接連絡が取れる立場なので、何でもお申し付けください」

このようにして統括マネージャーのような立場で大口の顧客管理をフォローさせていましたが、人材を育てるために2017年の1月に2人の幹部社員を上に引き上げて、現場の仕事から手を引かせました。

代わりに20の班を5つのブロックに分けて、5人のマネージャー職を新設して、2人の幹部社員がやっていた仕事を分担して任せることにしました。当然、給料もアップします。

このマネージャー職を社内公募したところ、各班の班長を中心に20人くらいが手を上げたので、試験と投票によって5人を選抜しました。

つまり、配達部門は5人のブロックマネージャーが20の班を統括する組織形態にしたのです。同等の立場の班長からマネージャーに選ばれた者もいれば、選ばれなかった者もいるわけで、「俺のほうが能力は上なのに、なんであいつの部下にならなきゃいけないんだ」と納得がいかない者もいたと思います。

そういうギクシャクが半年ぐらいあったので、班の担当エリアをシャッフルしたり、メンバーを入れ替えて、班の編成も見直しました。

1年ほど経過してようやく新体制も落ち着いてきました。

しかし、今の体制が理想型かどうかはまったく別問題です。本章の冒頭で触れたように100食の大口顧客を2件、他社に取られるというかつてない出来事も起きている。

一応、ブロックマネージャーは3年間降格させない、給料も下げないということで新体制をスタートしましたが、この1年でエリアによって成果にかなり開きが出てきています。「3年も待てない」という下からの声もあって、2年目が終わった時点で一度精査して、問題があれば手を入れようと考えています。

組織や人事は固まらないことが大事だと私は思っています。常に流動的で状況によってその都度、柔軟に変化できる組織は強い。硬直化するのが一番いけない。

人を成長させるのは変化です。立ち位置が変われば視線や視点が変わる。自分の新たな可能性を発見することもあれば、自分に足りない能力やスキルに気づくこともある。組織を揺り動かすことはトップマネジメントの大事な役割だと思います。

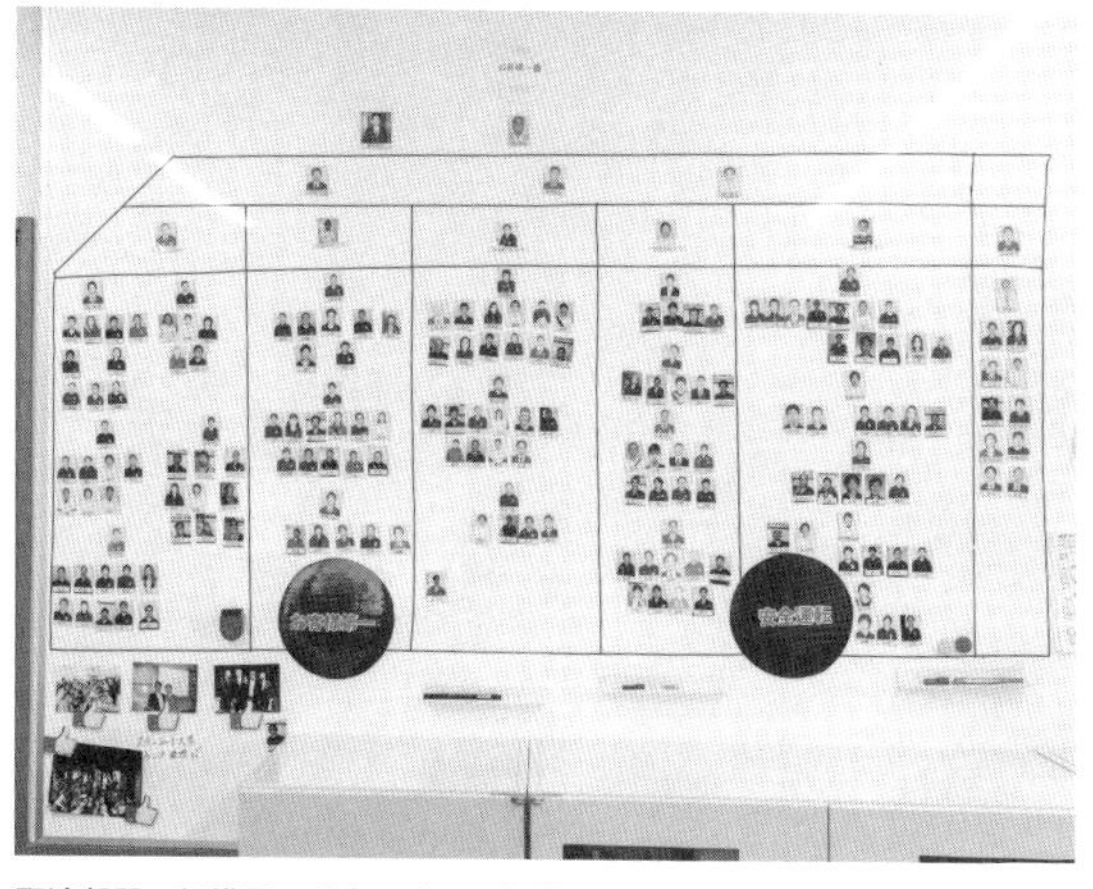
配達部門の組織図。現在20班で、組織はフレキシブル

人材不足と「働き方改革」の間で

人材不足が常態化している中小企業、弁当業界にあって、「玉子屋にはどうしてあんなに優秀なスタッフが集まるのか」「玉子屋の社員はどうして皆、元気でやる気に溢れているのか」と問われることも少なくありません。

経営者の集いなどで業績を伸ばしている会社の社長が「ウチもようやく有名大学出身の人材が入るようになって」と自慢げに話すのをよく耳にしますが、玉子屋では相変わらずそんなことは気にも留めない。

中卒でも高卒でも社内で鍛えて戦力にするのは、昔も今も変わりません。ここまで説明してきた通り、スタッフの能力を引き出すように、彼らの心にやる気の火を灯(とも)

すように心がけているだけのことです。

しかし、時代が移り変わったり、世の中のルールが大きく変わって、難しくなってきた部分もあります。

2018年6月、政府が推進する「働き方改革」関連法案が国会で成立しました。多様で柔軟な働き方の実現や長時間労働の是正、公正な待遇の確保などを目的としたさまざまなメニューが盛り込まれていて、企業経営に大きな影響を与えることは確実です。

たとえば残業時間の上限規制。

労働基準法に定められた労働時間は「1日8時間、週40時間」です。時間外労働に関する労使協定を結べば延長可能ですが、それでも「月45時間、年360時間」という厚生労働省の基準が設けられています。しかし、この基準に法的な拘束力はないので、事実上、残業時間は青天井の状態でした。

そこで今回、「月45時間、年360時間」を原則とする残業時間の上限規制が設けられました。ただし、繁忙期などの特別な事情がある場合には、年6ヶ月までは月45時間を超える労働が認められて、年間の上限は720時間（休日労働を含まない）。休日労働を含めた場合は「月100時間未満」で、2～6ヶ月の平均なら「月80時間」が上限になります。

こうした上限を超えて働かせた場合、罰則の対象となり、使用者は6ヶ月以下の懲役、または30万円以下の罰金が科される。大企業と派遣会社は２０２０年4月から、派遣会社を除く中小企業は２０２１年4月からの適用になります。

過労死や過労自殺が大きな社会問題になっていますから、労働者の健康と命を守るために長時間労働を抑えるという「上限規制」の目的は理解できる。

しかし、私たちのような職場では「体力に自信があるから少しでも長く仕事をして稼ぎたい」「家族のために残業して稼ぎたい」というスタッフは大勢います。

少し前まで残業時間が月80時間を超える者もいましたが、２０２１年の4月以降は全員「月45時間未満」にしなければならない。

一生懸命身体を動かして月80時間も残業して頑張ってくれていることを評価して、たとえば年俸６００万円で契約する社員もいたわけです。「月45時間未満」の残業では仕事量と年俸が見合わなくなってしまいます。

玉子屋には夢を追いかける若者が集まってきました。まだまだ若く元気もあり余っていて、少しでも長く働いて短期間に稼ぎ、自分の夢のためにお金をためたいという人にとっては、玉子屋は夢のある職場だったと思います。しかし、残業して稼げないとなれば魅力は半減する。

現実問題、人材不足に悩む中小企業において、長時間労働に頼らざるを得ない面がありますし、そこで働く人たちにとっても残業は大事な収入源になっています。

原則「月45時間」までしか残業できなくなるのは、会社にとっても働く側にとっても厳しい。

さらに「働き方改革」に則れば正社員化を進めなければならないし、有給休暇も全員がきっちり消化できるようにしなければなりません。その分、人件費はどうしてもコスト高にならざるを得ない。

「働き方改革」が間違っているとは思いません。しかし会社にとっても、社員にとっても、そしてお客様にとっても「三方よし」の働き方改革であって欲しい。また玉子屋の働き方改革はそうでありたいと思いながら模索しています。

守りに入る社員の心に火をつけるには

世の中が変われば、人材も移り変わります。

我々の世代は野球少年が圧倒的に多かったのですが、90年代中頃からJリーグの影響でサッカーをやっているアルバイトが増えました。Ｊリーガーを目指してクラブ活動をしながら玉子屋でバイトしている子もいたし、プロボクサーを目指している子もいた。

２０００年代に入ると野球やサッカーなどの体育会系は下火になって、バンドを組んで音楽をやっていたり、サーフィンやスノーボードをやっている子がくるようになりました。

スポーツマンとミュージシャンではタイプが全然違います。

体育会系の社会で仕込まれたせいか、運動をやっている子は時間にきっちりしているし、人前ではすごく頑張る。しかし見てないところで手を抜くタイプが多い。

対して音楽をやっている子は見ていないからといってサボったりはしない。手は抜かないけれど、時間にルーズな傾向があります。

タイプが違えば、やる気にさせる方法も違ってきます。「今どきの若い者」とひと括りにはできない。

体育会系は「やれ！」と言われれば「何だかよくわからないけどやるか」ととりあえず動こうとします。「頑張れ」とか「悔しくないのか！」と鼓舞すれば火もつきやすい。しかし、体育会系とは無縁な今どきの子はそうはいかない。

「なぜ自分がこれをやらなければいけないのか」を理詰めで納得しないとなかなか動かな

い。だから「なぜやるのか」をきちんと説明することが大事です。

00年代の中盤からは高齢化社会の進行と「失われた20年」の影響もあってか、30歳を超えたニートとか、30歳を超えた家族持ちのアルバイトが増えてきました。下手すれば40代もいる。彼らの心にどうやったら火をつけられるのか。彼らを理解するには、もっともっと会話を重ねていかなければいけないと思っています。

先代を慕い、玉子屋を盛り立ててくれた「悪ガキ」社員たちも年を取りました。結婚して、子どもができれば、どうしても安定志向になる。もう「悪ガキ」ではありません。お金も大事だけれど、家族と旅行するために有給休暇が欲しい。思い切って勝負してプラスアルファの成績を上げるよりも、ミスして減点されたくない――。そうやって守りに入る中堅社員が増えてきました。

私はもう一度彼らの心に火を灯したい。家族は大事にしながらも、若い頃のように失敗を恐れず、思い切って仕事をして欲しい。

「ウチだっていつまでも安泰じゃない。リスク覚悟で頑張ってくれ」と発破をかけていますが、言っているそばから残業の上限規制はできるし、有給休暇は全部消化させなければならないのだから悩ましい。

心に火を灯すのが難しい時代状況とは、日本という国全体に言えることだと思います。日本社会全体が守りに入っている。長期低落の時代に足を踏み入れかけていることを自覚しているかのように。

一度守勢に回ったら、反転攻勢は厳しくなります。玉子屋としても、もう一度気合いを入れ直して、チャレンジできる人材を育てていきたいと思います。

野球漬けの青春時代に抱えていた不満が培った、「マイナスをプラスに変える」思考力

玉子屋という会社組織を経営し、人を育てる立場になって、大学まで続けた野球の経験が糧（かて）になっていると感じることがあります。

小学校のリトルリーグ、中学のシニアリーグ、高校野球、大学野球と本当に野球漬けの少年時代、青春時代でした。さほど好きでもない野球をそれだけ続けられたのは、「負け犬になりたくない」「負けたくない」という意地だったと思います。

高校の3年間、大学の4年間、計7年間は寮生活でした。埼玉県新座市にある高校の寮は6畳の3人部屋で、テレビも冷蔵庫もない。

朝起きて、チャペルでお祈りして、掃除をして、学校に行って、野球の練習をして、寮に戻ってくる。毎日、その繰り返し。当時、大人気だった「夕やけニャンニャン」という番組が見てみたかったけれど、結局おニャン子クラブのメンバーの顔もわからなかった。

野球漬けで夏休みもゴールデンウィークもありません。しかも文武両道だから勉強もしなければいけない。練習が終わって寮に戻って夕食を食べて、風呂に入った後、夜8時から10時までの2時間は毎日、全員揃って食堂で勉強です。大学生のチューター（個人指導や助言をするアルバイト教師）がやってきて、学校の宿題や予習復習をやらされる。居眠りするとチューターにバチンとはたかれました。それでも無理矢理やらされたおかげで学校の勉強にはついていけたし、落第しないで済んだ。

大学に入ってからは完全な野球部の寮です。やはり大学と寮を行き来する毎日で、練習に明け暮れました。

目一杯遊んだ記憶と言えば、高校野球が終わって大学生になるまでの1ヶ月間、初めて一般学生として友達と旅行したり、自動車免許を取ったりしたこと。それから大学4年生で野球に燃え尽きた後、就職するまでの5ヶ月間にまとめて遊んだくらいのものです。

会長は自分本位で我慢の利かない性根を叩き直すつもりで、体育会系の世界に私を放り込みました。口応えも許されないような厳しい環境に長らく浸かっていたおかげで、精神的に鍛えられた部分は大きかったと自覚しています。忍耐強くなったし、チームとして結果を出すために個人はどうあるべきかということも、身をもって学んだ。それは会社組織を率いる上で大いに役立っていると思います。

やりたくないことをやり続ける苦労というのは想像を絶するものがあります。野球漬けの青春時代で徹底的に我慢を強いられたおかげで、多少の苦労は苦労と思わなくなった。

6万食からの弁当を宅配していれば、小さいトラブルや問題は毎日起こります。会社の前に異物を置かれたり、テレビに出ると「すごいですねえ」と言いがかりの電話がかかってきて絡まれたり、身に覚えのないクレームはしょっちゅうで、弁護士対応や訴訟、労働問題などにはだいぶ詳しくなりました。

ほかの会社なら「社の存続」にかかわるようなトラブルもありました。そうした経験を通じて、「どうやったら、失敗を回避できたか」「変なクレームをつけられないためにはどうしたらよいか」と常に考えていれば、トラブルだってプラスに変えられる。ちょっとやそっとじゃ動じない。上手く切り換えて前を向く。そんなメンタルの強さはやはり野球を通じて培（つちか）われたのだと思っています。

さらに言えば、野球をやっていた頃のトラウマというか、マイナスの経験もプラスに変えて、人材育成に生かそうと心がけています。

野球をやっていた頃のトラウマというのは上下関係、特に監督との関係性です。「自分はこんな特徴を持った選手なのに、どうしてそこを見てくれないんだ」という思いが常にありました。

小学生や中学生の頃はそこそこ努力していたし、上手かったから監督も使わざるを得ませんが、高校や大学に上がると上手い選手はいっぱいいます。当然、協調性があったり、アピールが上手なほうが使われる。しかし私は協調性が足りなかったし、監督や上級生に好かれるように上手にアピールしたり、おべっかを使えるタイプではなかった。

それができればもっと試合に出られただろう、早くレギュラーになれたはずだと、思っていたし、「何で俺のよさを見抜けないんだ。上に立つ者は何でも見えるはずだろう。節穴かよ」とずっと不満を抱えていました。自分がやるべきことをやりもしないで。

玉子屋に入るときに、私のようなタイプの社員が絶対にいるだろうと思いました。

「俺はこんなにやっているのにわかってくれない」とか「これをやればできるのに、俺が苦手なことばかりやらされている」などと上に不平不満を持っている。でも言わないから上司もわからない。そういう〝淀み〟が玉子屋にもきっとあるだろう、と。

だから玉子屋に入ったら、まずは社員一人ひとりの話をよく聞いて、なるべく長所を引き出すように努力しようと心に決めました。手始めに社内に徹底させたのは、「立場が上の者から挨拶せよ」ということです。

部下が挨拶してくるのを待って「はい、おはよう」ではなく、上司が自分から「おはよう」と部下に挨拶する。上司のほうから積極的に声がけをしていれば、部下の様子は自然と目に留まるし、面倒を見てあげようという気持ちにもなりやすいと思います。先に声をかけられた部下も「自分のことを見てくれている」と感じる。

現場の苦労というのは、立場が上にいけばいくほど見えなくなるものです。上司が意識的に目配りしなければ、現場の苦労は見えない。部下の長所も見えてきません。

自分が野球をやっていたときにプレイヤーとして自分勝手に感じていた監督、指導者に対する不満、不振、わだかまり。自分が経営者としてマネジメントする立場になったのだから、プレイヤーである社員の気持ちを大事にしようと思いました。

「どうせ上は見てくれない」なんて思わせたくない。ほかの会社や学校では見逃されてきた自分の長所を見出して、「ここなら自分は輝ける」と思ってもらいたい。そういう社員を一人でも増やすことが玉子屋の戦力アップにつながる。そう信じています。

「部下の長所を褒める」この当たり前のことがなかなかできない

人には長所も欠点もあります。しかし、我々のような中小企業には欠点のほうが上回っている人材が集まりやすい。

大企業に集まる人材のすごさは、学歴とか頭のよさだけではありません。いい大学を出ている人は概して心のコントロールも上手です。自分を奮い立たせて仕事に打ち込み、上から言われたことに納得がいかなくても、頭を切り換えて、時には気持ちを押し殺して目の前の仕事にベストを尽くそうとする。

遊びたい盛りに我慢して受験勉強をやり切っていい大学に入った人たちというのは、やはり自分を律する能力があります。努力して合格を勝ち得た成功体験も持っている。

中小企業にはそういう人材はあまりやってきません。むしろ、遊びの誘惑に負けて受験に失敗した人や、受験の苦労を経験していない人が集まってくる。心のコントロールがあまり上手くないから、すぐに妥協してしまったり、自分に甘くなったり。だから集中力が続かないことや、ちょっと納得がいかないとモチベーションが下がって目の前の仕事が手に付かなくなるケースが出てきます。

大企業なら仕事の効率が悪い人材がいても入れ替えが利くし、抱えておく余裕もあるかもしれません。しかし、中小企業はそうはいかない。せっかく獲得した人材を無駄にできません。マイナスだと思われがちな人材をプラスに変えるにはどうしたらよいか。

どうやって彼らをやる気にさせるかといえば、やはり長所を見極めてしっかり伸ばしてあげることが大切だと思います。

長所だけを見て、欠点に目を瞑るわけではありません。当然、欠点を減らしていくように指導もする。同じミスを何度も繰り返すようなら「次はないぞ」と厳しく接する場合もあります。それでも基本的には長所を伸ばすことを優先する。

先日も班長会議で「最近の玉子屋は大企業病にかかってはいないか」という話をしました。上の立場の者が下を減点主義で評価したり、「やって当たり前」という目で見ているようでは、現場のやる気は削がれていく。下手をすればやる気を失って、辞める社員も出てくる。まずは長所を見出して褒める。それから欠点に気づかせ、ミスをなくすように指導する。この順番を間違えてはいけない、と。

当たり前のことのようですが、案外、どこの会社もできていない。組織が大きくなって風通しが悪くなればなおさらです。上司がたくさんの部下を抱えていれば、一人ひとりに目を配り切れない。長所をじっくり探す余裕なんてありません。欠点やミスばかりに目が向くから、つい減点評価をしてしまう。

距離が近いから社員一人ひとりに目を配って長所を伸ばせる。これは中小企業の強みだと思います。実際、玉子屋は若い人材の長所を伸ばして戦力にしてきました。玉子屋がここまで食数を伸ばすことができたのは、間違いなく彼らのおかげです。

ただし、褒められて伸びた社員が部下をマネジメントする立場になったときに、同じように部下を褒めて能力を引き出せるかと言えば必ずしもそうではありません。だから、私は繰り返し繰り返し、マネジメントする立場の社員に言い続けているのです。

「まずは長所を褒めろ」と。

玉子屋、スタンフォード大学MBAコースの教材となる

2007年春、アメリカから1本の国際電話が玉子屋にかかってきました。

相手はカリフォルニア州にあるスタンフォード大学に留学している伏見信也（ふしみしんや）さんという

日本人の研究者でした。私はまったく面識がありません。先方も私のことはまったく知らない。ただ、玉子屋の弁当のことはよく知っていた。

伏見さんは三菱電機に勤務していて、留学前に関係会社に出向していたときに、会社が取っていた玉子屋の弁当をよく食べていたそうです。

その後、伏見さんはスタンフォード大学経営大学院の40代前後の経営経験のある人たちを対象としたMBAコースに企業派遣で留学します。スタンフォード大学の経営大学院といえば世界最高峰のビジネススクールの一つとして知られています。世界中から優秀な若手経営者、ビジネスマン、経営幹部、高級官僚などが集まってくる。伏見さんもその一人で、経営大学院を卒業した後、留学を1年延長してIT産業の研究をしている、とのことでした。

スタンフォードの学生時代に、伏見さんは授業の課題で玉子屋に関する分析レポートを提出していましたが、それを読んだ教授から、「この会社をケーススタディにしたいのだが」との連絡が伏見さんにありました。

当時、東京都心で1日5万食。当日注文、当日配送で昼12時までに弁当が必ず届く。廃棄率0・1%未満で弁当の味もいい――。伏見さんは自分が食べていた経験を踏まえて知っている限りの情報で分析レポートを書いたのですが、サプライチェーンマネジメントを専門にしているその教授、ファング教授は強い関心をしめして、「一度、その会社に話を聞きにいきたい。アポイントを取ってくれないか」という話になった。それで伏見さんから電話がかかってきたのでした。

「私は玉子屋さんの弁当の一ファンに過ぎないのですが、勝手にこういう話になってしまって申し訳ありません。ケーススタディとして取り上げるかどうかもわからないのですが、一度、ファング教授がそちらをお訪ねしたいと申しております。唐突な話で大変恐縮ですが、ご検討いただけますでしょうか」

驚きましたが、大変光栄なお話なので、ファング教授の訪問を受けることにしました。伏見さんとファング教授が二人揃って玉子屋にやってきたのはその年の夏のことです。本書に書いてきたようなことを丁寧に説明したら、ファング教授がいたく感心されて「ぜひ、ケーススタディで取り上げたい」とおっしゃってくださいました。

2ヶ月後、ファング教授と伏見さんが取りまとめた英語の論文が私の元に送られてきました。日本語訳した内容を私がチェックして論文は完成。その年の10月1日、スタンフォード大学経営大学院のサプライチェーンマネジメント講座で初めてケーススタディとして発表されました。

伏見さんからすぐに連絡があって、「大好評だった」とのご報告をいただきました。玉子屋のビジネスモデルに触れた受講生は二つのポイントに特に関心を寄せたそうです。

一つは、なぜ特別に優秀ではないスタッフを揃えて使っているのかということ。

あらゆる業種においてナンバーワンの企業はいかに優秀な人材を揃えて、いかに業務効率を高めるかを追求している。優秀ではない人材ばかり集めて、どうしてナンバーワンになれたのか。「悪ガキ？　ｗｈａｔ's？」と。

もう一つは、これだけのビジネスモデルなら大阪や福岡でも展開できるのに、なぜ何年も東京だけなのか。スタンフォード大学のビジネススクールにやってくるような頭のいい人たちは基本的に拡大志向だから、疑問で仕方がない。

結局、「玉子屋の社長を呼んでくれ。話を聞きたい」という声が殺到して、伏見さんから「こっちにきてもらえないか」とお誘いを受けました。アメリカの大学に興味があったので私は二つ返事でＯＫしましたが、同時期にトヨタの張富士夫（ちょうふじお）会長もスタンフォード大学に招かれていたそうです。

講座で発表された翌月の11月16日、スタンフォード大学のファング教授の講座で玉子屋の話をする機会をいただきました。

ファング教授が作成したケーススタディはスタンフォード大学だけでなく、ほかのアメリカの大学でも手に入るようで、ハーバード大学の知り合いから「見たよ」と言われました。サプライチェーンマネジメントの一例として使われることもあれば、パフォーマンスをいかに引き出すかという人材活用のケーススタディとして使われることもあるようです。

アメリカといえばグローバル企業のイメージが強いですが、日本と同じように中小企業が圧倒的多数を占めます。人材活用は共通の課題なのでしょう。

その後、伏見さんはアメリカから三菱電機に戻って同社の研究所の所長を経て常務執行役を務められ、現在は同社のシニアアドバイザーをされています。

ファング教授は玉子屋のケーススタディをアップデートするために、2年に一度、日本にやってきては玉子屋を訪ねていらっしゃる。初めてお会いしたときと同じように玉子屋の弁当を食べながらの歓談は今も続いています。

5章　玉子屋の未来

仕出し会席料理専門「玉乃家」

玉子屋の未来をお話しする前に、私たちが持っている関連会社、仕出し懐石料理の「玉乃家」についてお話しします。

日替わり幕の内弁当一本勝負の玉子屋に対して、玉乃家は葬儀・法要、各種イベントやパーティ、会議用の仕出し料理が専門です。

一度に大量の弁当をつくっている玉子屋とは違って、玉乃家では和食、中華、フレンチ、イタリアン、寿司など専門の職人が注文に応じて個別に料理をつくっています。

玉子屋は基本的に日曜祭日完全休業です。

一方の玉乃家は365日年中無休の会社です。日曜祭日にお客様の注文があれば、すべて玉乃家でつくって持っていきます。つまり玉子屋は450円の日替わり弁当、それ以外の注文はすべて玉乃家が応じるということで、玉乃家のおかげで玉子屋グループとしては365日、どんな料理でもデリバリーできる会社になりました。

玉乃家を興したのは、私が玉子屋に入社した1997年のことです。

当時、玉子屋と取引のあった懐石料理店でトラブルがあって社長が行方をくらますという出来事がありました。そこの幹部社員から「我々のお得意さんもいるし、玉子屋さんでこの仕事（葬儀・法要向けの料理）をやらないか。ついては我々従業員を引き受けてもらえないだろうか」と相談を持ちかけられたのです。

正直に言えば、私は気が進みませんでした。働く人たちの元気と笑顔のために弁当をつくっている玉子屋の事業と対極的なイメージがあったからです。

しかし、企業のイベントやパーティ、会議などで供される1000～1500円くらいの弁当やオードブルの需要は伸びていましたし、これからの超高齢社会で葬儀や法事関連の仕事は間違いなく増える。ビジネスチャンスがあることは感じていました。

「葬儀部門の売り上げがなくたっていい。玉子屋は玉子屋で日替わり弁当に集中して、それ以外の料理を365日つくれる会社を一つ持っておけば、仕出し料理をやる事業体としては完璧じゃないか」

会長と相談してこのような結論に至りました。

玉子屋に近い大田区下丸子にいい物件があったのでそこを食品工場に改装して、懐石料理屋の従業員約30人を受け入れて、新しく仕出し料理屋を立ち上げたわけです。

ちょっと高級感があるように玉子屋をもじって「玉乃家」と名付けて、私が創業社長になりました。

開業当初の売り上げは1億円ほど。1000円～1500円の弁当の売り上げは2000万円ほどしかなくて、残りの8000万円は前の会社から引き継いだ葬儀・法要向けの料理でした。ところが開業間もなく迎えた夏場に売り上げがガクッと減ったのです。

「あの会社は潰れて玉乃家という会社になったらしい。あそこは素人集団の弁当屋で、保冷車も冷凍車も持っていないから、夏場に頼んだら食中毒でも起こしかねない」

同業他社がそんなことを言いふらしていたのです。もちろん保冷車も冷凍車も持っています。完全な風評被害です。私も会長も頭にきて、「よし、料理からこの業界を変えてやる」と腰を据えて勝負する気持ちになりました。

「三方よし」で料理から業界を変革したい

前々から私も会長も葬儀や法事で出される料理には疑問を感じていました。

「こんなレベルでいいのか」と。さして美味しくない上に、大抵は通常の仕出し料理よりも値段が高い。同じ飲食業を営むものとして、歯痒(はがゆ)い思いがありました。

90年代後半まで、仕出し料理を注文する当事者は葬儀社や寺に仕切られるままだっただろうし、客側も葬儀料理の味に期待は持っていなかった。双方ともに、「葬儀の料理で肝心なのは遅配とか異物混入のようなトラブルを起こさないこと。まずくなければいい」という認識だったのです。

玉乃家を始めてからそうした葬祭業界の構造が見えてきました。当時は美味しい料理を出すという発想すら業界にはなかった。

玉子屋の仕入れメリットを玉乃家で生かせば、美味しい料理を他社よりも圧倒的に安く提供できます。寿司だって業界の常識を覆すくらい美味しい。

業界のしきたりや慣習というのは本当に根強いものです。

最近もこんなことがありました。

玉子屋の社員の親御さんがお亡くなりになったときに、ある葬祭業者が葬儀を取り仕切りました。その業者は自分たちの会館と料理部門を持っていて、喪主が「料理は玉乃家さんでお願いできないか」と頼んでも頑として受け付けない。「ウチで葬儀をやるのだから、いくら玉子屋さんの関係者でもウチの料理を食べてもらわなければ困る」というわけです。

私のほうから「手数料を出すから」と頼み込んでもダメでした。

葬祭業界は一般の仕出し料理・弁当屋が参入しにくいと業界と言われます。

そこに風穴を開ける意気込みで玉乃家が参入してから20年が経過しました。

今や売り上げは年間18億円に達して、企業のイベントやパーティ、会議用などの仕出し弁当はもちろん、冠婚葬祭用の仕出し料理も玉子屋を上回る勢いで伸びています。

近年は飲食業の倒産が急増して、関東近郊でも葬祭業界の下請けをしてきたような仕出し料理屋がどんどん消えています。後継者不足などの理由もありますが、やはり時代が変わってあらゆる業界で本物が生き残る時代、本物が求められる時代になってきたのだと思います。実際、玉乃家の葬祭事業は伸びているのですから。

私たちに葬祭業者の「下請け」という意識はありません。むしろ、玉乃家や、料理だけでなく花屋さんなど、葬祭事業に携わる業者が、志のある葬儀業者や寺社と対等な立場で、お客さんに満足してもらえる葬儀をつくり上げていきたい。皆で一緒になって業界の新しい伝統をつくり上げていきたい。私たちは会葬者の皆様に喜んでもらえる料理をつくってお届けすることに徹する。それが「料理から業界を変革する」ということです。長い道のりかと思いますが、一歩一歩、前に進んでいきたいと思っています。

食数を拡大しても顧客第一主義を守れるか

20年前、私が玉子屋に入って経営を任されたときに、やってみようと心に決めたことがありました。「顧客第一主義」を突き詰める、ということです。

銀行員時代、「顧客第一主義」を掲げながら、その実、行員の行動原理が「銀行第一主義」であることに強い違和感を覚えました。本店しか見ていない支店。自分の出世しか考えていない同僚や後輩。サラリーマンでありながら、私はどうしても同調できなかった。

そのわだかまりを玉子屋の改革で一気に爆発させました。

弁当屋にとっての「顧客第一主義」とは何か。

考えるまでもありません。美味しい弁当を提供すること。もっと言えば原価率を高くして美味しい弁当を世に送り出すことです。

だからといって、ひたすらお客様に尽くして会社の身上（しんしょう）を潰しては元も子もありません。会社は働いてくれる人がいて成り立っています。従業員にもなるべく多くの給料を払って報いたい。

本当の顧客第一主義というものは「三方よし」でなければ成り立たないと私は思っています。働いている人も満足できて、会社としても健全経営。

決算書の数字を見て、玉子屋はそれができる会社だと初めて気づいた。だから玉子屋に入る決心をしたのです。

幸い、改革は効を奏して、玉子屋の食数は大きく伸びました。それはとりもなおさず、玉子屋の弁当がお客様から支持されてきたということであり、多くのお客様に満足していただけた証(あかし)だと思っています。

食数が増えれば、大量仕入れによって調達コストが下がります。調達コストが下がれば、よりよい材料を仕入れることができる。これまでは食数を伸ばすことが、顧客第一主義にも適(かな)ってきました。

しかし、今後も食数を追い求めるべきなのかといえば、必ずしもそうではないだろうと思っています。

一つは仕入れの問題です。

10万食まで伸ばしたとして、たとえば鮭やノルウェーサバなどの同じ魚の切り身を10万個仕入れるのは簡単ではありません。7万個しか揃わなくて、残り3万個は別の魚の切り身で補うしかないという状況だって起こり得る。

あるお客様には鮭の切り身が入った弁当を、別のお客様にはサバの切り身が入った弁当をお届けするようなことになれば、「同じメニュー、同じ値段の日替わり弁当」という玉子屋のビジネスモデルが崩れてしまいます。

玉子屋は肉、魚、野菜のバランスが取れた幕の内弁当で勝負してきました。コンビニの棚には美味しそうなお弁当が各種並んでいます。カレーや丼物、蕎麦やうどんにパスタ……バリエーション豊富で、クオリティもどんどん高くなっている。それでも幕の内弁当だけは玉子屋には及ばないと自負しています。

10万食、20万食を目指すとなれば、仕入れの問題が出てくるし、日替わりの幕の内弁当一本で勝負というわけにはいかなくなる。しかし、食数を増やし、メニューを増やして、弁当や配達サービスの質がおざなりになったら、これは意味がありません。

生産能力の問題もあります。

現状の生産設備では1日最大7万食が限度。それも相当に無理無駄を省いて、合理性を追求していますから伸びしろは多くありません。強引に稼働力を伸ばせば、最高の弁当をつくり、最高のサービスでお客様にお届けするという「顧客第一主義」が歪(ゆが)みかねない。

もちろん、新たに投資して生産設備を拡大する選択肢もあります。

しかし、日本は人口減社会に突入しました。団塊世代のリタイアなどで今後労働人口は確実に減っていく。当然、弁当を食べる人の数も減っていきます。玉子屋の弁当は団塊世代が食べる比率も高いので、団塊世代がリタイアするたびに食数が減る。

一方で東京という世界有数の経済圏、商圏で働くビジネスマンやOLの働き方もさまざまに変化しています。大手企業では、テレワーク（自宅や外出先で勤務）体制を拡大する方向に舵取りしていて、昼食のあり方がどうなっていくのか、混沌としている。ランチに何を食べるか、お客様の選択肢も増えました。玉子屋の競合相手はもはや弁当屋だけではありません。

同業他社と勝負しているうちは、弁当の内容でも配達サービスの質でも負ける要素はなかった。しかし、今や大手弁当チェーンも大手コンビニも大手ハンバーガーチェーンもデリバリーする時代です。店舗の料理を登録した一般人が配達する「Ｕｂｅｒ Ｅａｔｓ（ウーバーイーツ）」のような新しい業態も登場してきた。つまり、あらゆる飲食店がライバルになったのです。

どれくらい食数を伸ばせるのか、曇って先行きが見通せない中で、不用意に生産設備を拡大するわけにはいかない。

とはいえ、工場もだいぶ老朽化が進んできたので、5億円、10億円かけて建て直すことは視野に入れています。

会長はゼロから玉子屋を立ち上げて、1万食、2万食の工場をつくるたびに銀行から借り入れていました。多いときには17～18億円くらいの借り入れがあった。まだ借入金は残っていますが、数年前に現預金が上回って、今は実質、無借金経営になっています。したがって建て替え資金の借り入れは問題ない。1億円ずつなら10年で返済できます。

もし工場を新設するなら、今度は工場見学コースもつくってみたい。玉子屋の弁当がどうやってつくられているのか、皆さんに見ていただきたいし、日本の弁当文化を世界に発信する産業観光の拠点にもなり得ると思います。

チェーン展開はしない、上場もしない。今は

玉子屋のチェーン化や上場話もよく持ち込まれます。

チェーン化によって全国展開して、玉子屋の弁当を日本中の皆さんに食べていただく。それはそれで一つの理想なのかもしれません。

しかし、前述のように玉子屋のビジネスモデルでこれ以上食数を大きく伸ばすのは難しい。販売エリアを広げるとなると、配達システムも根本的につくり替えなければならない。チェーン化しても「最高の弁当を最高の配達サービスでお届けする」という玉子屋のスタイルが守れなければ本末転倒です。

私は中小企業の一つの理想はイタリアにあると思っています。

イタリアは国家財政が破綻（はたん）状況にあるのに、地方都市や地場の中小起業は栄えている不思議な国です。イタリアでは社員が15人を超えると税金が高くなるので、従業員が15人に満たない中小企業が圧倒的に多い。そうした中小企業が都市ごとに集まって、水平分業しながら特色ある製品を生み出し、世界に発信しています。

繊維、皮革、家具などの伝統的な製品から、ワインやチーズ、ハムなどの食品、機械や電子などのハイテク製品まで、高いデザイン性とメイドインイタリーのブランド力が強み。それぞれの中小企業は規模を追い求めてむやみに世界化するのではなく、「イタリアのここでしかつくっていない」というオンリーワンの付加価値を磨くことで高い収益性を実現している。

日本の中小企業がイタリアに学ぶことは多いように思います。

玉子屋も東京の片隅にこだわって、地域性を生かしながら、弁当を広めていく。どこでも食べられる味ではなくて、お客様に「玉子屋の弁当が食べたい」と思っていただける。そこが大事なのではないか。

玉子屋の弁当は玉子屋の配達ルート近辺にあるオフィスでお仕事をされていなければ食べられません。しかも１日10食以上でなければ基本的には注文をお受けしない。だから、「玉子屋の弁当が食べられなくて悔しい」という声をよくいただきます。

「ウチの会社は玉子屋さんのルートに乗っているんだけど、３年前は従業員が20人ほどしかいなくて１日10食以上の注文を出せなかった。悔しくてね。いずれ玉子屋の弁当を食べられる会社にしたいって思っていたんです。ようやく念願が叶った」

このように言ってくださるお客様もいる。本当に嬉しいことです。

生意気だと言われるかもしれませんが、「玉子屋の弁当を食べられて幸せ」とお客様に思っていただけるのが一番の理想だと思います。

株式上場については、これまでは「しない」と言い続けてきました。なぜ上場しないのかと言えば、そのほうがお客様を大切にできて、従業員にも給料を多く払えて、健全経営できたからです。

もし上場することでお客様によりよいサービスを提供できるなら、従業員にもっと報いてあげられるのなら、上場します。しかし本当にそれができるかどうかは疑問です。なぜなら株式を公開すれば、株主を最優先しなければならないから。現状は経営者＝株主で、株主の私が「顧客第一主義」を大事にしているから成り立っているのです。

「玉子屋さんには上場して欲しくない。玉子屋さんは玉子屋さんのまま、何とも言えない面白い中小企業のままでいて欲しい」

玉子屋に取材に来てくれたメディアの、皆さんがそう言ってくれますが、これから先はわからない。経営の自由が多少制限されても、お客様や従業員のメリットのほうが大きいと判断した場合には、上場を目指そうということになるかもしれない。

もっと言えば、私の経営能力に限界が見えたらプロの経営者を雇い入れるかもしれないし、私よりもずっと優秀な人が経営してお客様と従業員がもっと幸せになれるならM＆Aで事業譲渡する可能性だってゼロではない。逆にほかの事業者を玉子屋が買収することもあり得ます。M＆Aを想定した市場調査も実際に行なっています。

あらゆる選択肢を排除できない時代になっている、というのが私の認識です。

玉子屋という会社は今後も存在し続けるかもしれない。しかしそれが弁当の会社かどうかはわからない。

弁当の会社ではなくなったとしても、お客様に喜ばれ、従業員を大切にして、健全経営が成り立つ会社であり続けたい。

そのためには大きい会社ではなくて、負けない会社、足腰の強い会社にしていくことが今の自分に与えられた使命だと思います。

使い捨て容器の導入がキーポイントになる可能性

繰り返しますが、もはや「美味しい」というだけで目標に定めた食数を達成できる時代ではありません。自分たちが成長しなければ食数は伸びていかない。

営業の仕方にしても、「美味しいから食べてください」だけではなくて、玉子屋の弁当がなぜ美味しいのか、なぜ安全でヘルシーなのか、理由をしっかり説明してアピールしていく。スタッフ個々のスキルアップがこれからは欠かせません。

一方で、「顧客第一主義」を掲げているからにはお客様が何を求めているのか、常に目を配ることも大切です。配達スタッフの日頃のお付き合いやアンケート調査を通じて、お客様のご要望を吸い上げて、お客様に喜ばれる工夫をメニューに取り入れています。

たとえば1日50食とか100食の注文をいただくお客様には、月イチでカレーデーを設定する。ご指定の日にカレーのルーとご飯、福神漬けをドーンと持ち込んで、好きなように召し上がっていただく。何ヶ所かで始めたのですが、外食しなくても社内で手づくりカレーを思う存分食べられるということで、大好評をいただいています。

月イチでサラダバーをやっているところもあります。数種類のサラダと業務用ドレッシングを持ち込んで、玉子屋の弁当+サラダバーを楽しんでいただく。野菜が高騰している時期などは本当に喜ばれます。

弁当の内容とは別に、最近、お客様から増えているご要望があります。それは弁当の容器をコンビニ弁当などで使われている「ワンウェイ容器」にして欲しいという要望です。

玉子屋では長らく、プラスチック製のリターナブル容器を使ってきました。

弁当箱を回収して洗浄し、もう一度使う。そのほうが余計なゴミが出ないし、容器のコストも下がります。さらに言えば、回収時に「今日の弁当どうでしたか?」と担当者にお聞きしたり、食べ残しを分析することでメニュー改善につなげることもできる。

リターナブル容器でお届けして、食べ終わった弁当箱を回収するという玉子屋の基本スタイルは今後も変わりません。そこにはこだわりがあります。

しかし、「ワンウェイ容器でやって欲しい」というニーズが多くなってきた以上、コスト高にはなりますが、それにもお応えしていきたいと考えています。

ワンウェイ容器のニーズはなぜ出てきたのか。最大の理由は容器の回収が煩わしいからだと思います。担当者としては弁当の配達だけで済ませたい。ワンウェイ容器なら、玉子屋の回収作業に対応する必要はなくなる。

ワンウェイ容器のニーズとも関係しますが、「現金売りして欲しい」という要望も多くなっています。

たとえば社員600人で、あるビルの3階、4階、5階フロアを借りている会社があったとしましょう。電話やファックス、ネットでご注文いただいていたときには各階の給湯室に昼の12時までに弁当を置いておけばよかったのですが、「4階の給湯室の一角にスペースを取るから、そこで11時から1時まで現金売りして欲しい」といった要望がくるようになったのです。

現金売りのご要望が増えてきたのは、やはり注文自体が煩わしいから。

「今日、玉子屋の弁当、食べる人？」と毎朝、注文数を確認してから玉子屋に発注するのは、担当者にとっては面倒な作業です。社員数の多い会社ほど手間がかかる。

現金売りの場合、やはり食べ終わったら簡単に捨てられるワンウェイ容器のほうが相性はいい。ワンウェイ容器で現金売りをすれば、毎朝、注文を取らなくていいし、弁当箱の回収作業にも付き合わなくて済む。担当者としては一番楽なのです。

近頃はビルのエントランスやパーキング、ガレージなどのちょっとした空きスペースを活用して出店している屋台やキッチンカーをオフィス街でよく見かけます。そうした軒下売りのランチが増えてきたことも、「玉子屋さんも手売りしてよ」という要望につながっているように感じます。

ただし、現物売りが増えると食数の予測が立てにくくなるのが難点です。

売り切れ御免で2時間販売して売り切れれば問題ないのですが、日によっては売れ残ることもあります。

その場合の善後策としては、現物売りしているオフィスの近辺で余った弁当を買い上げてくれるお客様を見つけておく。フレックスタイムで1時からランチの会社もあります。

当然、弁当が余ったときしか持っていけないわけですが、「それでも構わない」と言ってくれるお客様を見つけられるかどうかは営業スタッフの力量次第。定価で買い取ってくれる場合もあれば、１００円、２００円割り引いて買い取ってもらう場合もあります。

今後、1日最大7万食を超える可能性があるとすれば、それはリターナブルの回収弁当ではなくて、ワンウェイ容器の弁当が現物売りなどで大きく伸びたときだと思います。

現状の1日の平均食数が6万1000〜2000食。そこにワンウェイのパック弁当を乗せれば平均6万4000〜5000食くらいまでは伸ばせる。

ただし、世界を見渡すとプラスチックゴミによる海洋汚染問題に対する関心が高まって、世界的なファーストフードチェーンやコーヒーチェーン、外食企業などでプラスチック製ストローを廃止する動きも出てきました。このトレンド次第では使い捨てのワンウェイ容器よりも、リターナブル容器が見直される時代がやってくる可能性がないとは言えない。

そうした環境問題の動向にも注意を払いつつ、お客様の多様なニーズにお応えしながら、利益をきちんと確保して健全経営を守っていくためのキーアイテムの一つはワンウェイ弁当だろうと見ています。

5年前から「世界経済フォーラム」（ダボス会議）に参加

スイス東部、アルプスの山麓にある保養地、ダボス。

毎年1月下旬、この地に世界トップレベルの政治家や経済人、学者、ジャーナリストなど約3000人が集結して、約1週間、世界情勢について幅広いテーマで話し合う国際会議が開かれます。

主催するスイスの非営利民間団体「世界経済フォーラム」の年次総会で、通称「ダボス会議」と呼ばれています。

ダボス会議での討議、まとめられた提言は各国政府、国際機関、企業の長期戦略にも多大な影響を与えることから世界中から注目されています。

世界経済フォーラムが主催する国際会議はダボス会議での年次総会を頂点に、「中南米会議」、「アフリカ会議」「東アジア会議」「中東会議」「ニュー・チャンピオン年次総会(中国)」などの地域会議が1年を通じて開催されています。

ダボスでの年次総会に参加できる経済人は原則として売り上げ5000億円以上の超一流企業のトップに限られますが、地域会議はもう少し裾野を広げて、「フォーラム・メンバーズ」と呼ばれる成長企業及び地域に大きなインパクトを与えている企業のトップが参加しています。

実は玉子屋は5年前に世界経済フォーラムから「フォーラム・メンバーズ」に選ばれました。以来、私は世界経済フォーラムの地域会議に定期的に参加しています。

「フォーラム・メンバーズ」に選ばれている日本の中小企業は現在10社ほどありますが、玉子屋のようなローテク企業はほかにありません。世界を見渡しても、世界経済フォーラムに参加している弁当メーカーはほかにはいないと思います。

「フォーラム・メンバーズ」に選ばれるには、一応、「売り上げが100～200億円程度」で、その当時は「今後5年以内に売り上げ5000億円を目指せる」という要件がありました。

もちろん、玉子屋は「5年以内に売り上げ5000億円」なんて身の丈に合わない目標は一度も掲げてません。「それでもいいのですか？」と何度も世界経済フォーラムの事務局に問い合わせましたが、「問題ない」とのことなので、お声がけを承ることにしました。

ITだ、IoTだ、AIだという時代に、玉子屋のような人間臭い会社が4ドルの弁当で頑張っていることが目を引いたのかもしれないし、環境や健康、食に対する関心が世界的に高まる中で「日本食」「弁当」といったキーワードに共感されたのかもしれません。

こちらとしては世界経済フォーラムの会合で玉子屋の弁当を出してもらおうとか、世界進出の足がかりにしようとか、そんな野望は一切ない。東京の下町で450円の弁当を売っている世界から目線を引き上げて、私自身の教養を高めてくれる機会としてとらえています。

たとえば東アジア会議に参加すると、東アジアの国々の指導者が必ずやってきます。SPや秘書は同席禁止。厳重なセキュリティがかかった空間に、政治家も企業のトップも全員一人でやってくる。だから直接当人と話ができる。

個別にコンタクトを取りたい場合には、セミナーとセミナーの合間に20分間の休憩時間があるので、その間に積極的に声をかけます。そこは遠慮なし。皆、一斉に動く。セミナーが終わった後で個別に会って、本音の話をしたり、ビジネスの話をするわけです。

各国の指導者や大臣、官僚、世界一流の経済人や学者が集まって、あらゆることを議論する。「この環境問題はこうあるべきだ」「この国はこうあるべきだ」という提言がなされ、それを各国が持ち帰って政策に反映させ、法律に落とし込ませる。そうやって世界を変えていこうという集まりなのです。

「あらゆる選択肢を排除しない」が私の基本姿勢ですから、玉子屋が絶対に世界に出ていかないとは言い切りません。

もし世界化を考えるのであれば、世界経済フォーラムの事務局に依頼すれば、「この分野のこういう人をご紹介する」と仲介の労を執ってくれると思います。世界経済フォーラムとしてもメンバー企業に大きくなって欲しいと思っているでしょうから。会議で各国の政府関係者とも直接会えるので、現地化の話も通しやすい。

もっとも、今はまだ具体的な計画はありません。あくまで自分の教養を高め、経営者としての視野を広げるために世界経済フォーラムの活動に参加しています。それが弁当屋の地位向上にもつながると信じて。

立体経営の秘策は弁当アプリ

ソニーの元会長、出井伸之（いでいのぶゆき）さんにお付き合いいただいていて、6年ほど前に玉子屋の将来についてご相談したことがあります。

「今は本当に先行きが見えない時代だから、今のまんま4～5年続けてご覧よ。その先に未来が見えるかもしれない」

出井さんからこう言われました。

出井さんのアドバイスもあって、工場の増設や上場といった大きな勝負をするのはなるべく慎んで、組織強化に専心してきました。

先般、久しぶりに出井さんの事務所をお訪ねする機会があったので、「あれから5年経ちました。まだ見えないんです」と出井さんに打ち明けると、今度はこう言われました。

「菅原君、これからの玉子屋はね、多角化経営じゃない。立体化経営だよ」

経営の多角化とは一つの事業にとどまらずにさまざまな分野の事業に手を出すことです。対して出井さんのおっしゃる「立体化経営」とは、今まで玉子屋がやってきた事業をベースに、その強みを生かした事業を新たに展開していくことです。

水平方向の事業拡大が「多角化」だとすれば、垂直方向の事業拡大が「立体化」ということになるでしょうか。

私も「立体化経営」というものを明確にイメージできているわけではありませんが、一つの方向性として考えていることがあります。

それは「弁当アプリ」の開発です。

現在、玉子屋の弁当を食べられるのは1日10食以上のご契約をいただいている会社で働くビジネスパーソン、しかも総務、人事、SE、企画系の部署など、内勤で働いている人たちだけです。

社外で昼食をとることが多い営業マンなどは玉子屋の弁当を食べられない。

私は内勤外勤問わず、契約いただいている会社の誰もが玉子屋の弁当を食べられるようにできないものかと思っていました。「弁当アプリ」はそれを可能にするアプリケーションソフトです。

玉子屋と契約している会社の営業マンが「今日は玉子屋の弁当が食べたいな」と思ったら、スマホにインストールした「弁当アプリ」を開く。自分が今いるエリア、あるいはこれから営業に向かうエリアなどを指定すると、そのエリア内で玉子屋の弁当が置いてあるポイントが表示されて、昼12時までにはいくつの弁当があって、リアルタイムでいくつの弁当が残っているかといった情報が見られる。

都合がいいポイントが見つかったら、そこに立ち寄って玉子屋の弁当を買う。この場合、注文ではなく現物売りなのでワンウェイ容器の弁当です。ただし、支払いはキャッシュレス。スマホのアプリ、もしくはSuicaのような電子マネーをレジにかざせば、ピッと自動的に引き落とされて支払い完了――。

たとえばこんなイメージです。言ってみればタクシーの配車アプリに近いでしょうか。

玉子屋の配達ルートは都心エリアをほぼ網羅していますから、配達ルート上に玉子屋の弁当が買えるアクセスポイントを設置すれば、都心部のどこにいても玉子屋の弁当が買えるようになる。アプリをインストールしておけば、シェアオフィスや在宅で仕事をしている社員も玉子屋の弁当が食べられるわけです。

今のところアプリの対象ユーザーは玉子屋とご契約いただいている会社の社員に限定するつもりです。個人に広げようと思えば簡単にできますが、玉子屋はこれまで不特定多数の個人を相手に商売をしたことがありません。それをやるためにはまた別のビジネスモデルが必要です。

対象ユーザーを契約会社の社員に限定したとしても、弁当アプリのインパクトは絶大だと思います。

またアプリで取り扱うのは玉子屋の弁当だけとは限りません。日本全国の同業者に「弁当のプラットフォーム」として利用してもらうことも考えています。

弁当業界は大手でも1日3000食、年間売り上げ3億円程度です。

弁当屋はどこも人手不足に悩んでいるし、大きな投資をする余裕もそうはない。

そこで全国の弁当業者に玉子屋のアプリを低価格で提供して、ネット注文などのプラットフォームとして活用してもらう。日本全国の弁当情報が集まるプラットフォームを構築することは、業界の底上げにもつながると思います。

最終的にどのような形になるかは決まっていませんが、すでに「弁当アプリ」のひな形はできています。現在は二つのアプリ開発会社から見積もりをもらい、バージョンアップを重ねている段階です。

アプリが完成したらまずはどこかのエリアで実証実験を行なって、何度かチューニングを繰り返した上で、実用化していきたいと考えています。

社長の仕事は未来図を描くこと

1日最大7万食を届ける配送システムも玉子屋の大きな強みです。これを生かした事業も考えられます。たとえばほかの弁当屋との連携。

「玉子屋の弁当と接待用に老舗料理店のすき焼き弁当が欲しい」というお客様がいたとしましょう。

ご要望の老舗料理店が我々の配達ルートに乗っていれば、道すがらすき焼き弁当を受け取って、玉子屋の弁当と一緒にお届けすることもできる。老舗料理店からは100円、200円の手数料をいただく。前述のアプリを活用すれば、ほかの弁当を拾うポイントも簡単に指示できます。

玉子屋が得意にしているのは幕の内弁当ですから、それ以外の弁当を食べたいというニーズもあるでしょう。それを玉子屋がつくらなくても、ほかの弁当屋と連携して複数の種類の弁当をお届けできる。現物売りする場合も、玉子屋の幕の内弁当だけではなく、ほかの弁当を並べて売ることが可能になるわけです。

玉子屋の配達車は通常1台で400～500食積んでいますが、特注で屋根を30センチ高くしている車両は800食積める。全部、その車両に換えてもいい。

効率を追求して編み出したデリバリーシステムや配送ルートも玉子屋の資産です。その資産を生かすことが出井さんのおっしゃる「立体化経営」なのだと思います。

盛り付けの技術もそうです。10分間に3000個、レーンを3列並べて通常の3倍のスピードで盛り付けられる技術なんて日本はおろか世界中探してもほかにない。

今は盛り付けの作業は午前中しかやっていません。午前7時前に始まって、午前11時すぎには終わって清掃作業に入る。盛り付けられる時間はいくらでもあるわけです。

あるデリバリーサービスの会社から、「玉子屋の弁当を扱わせて欲しい」というオファーをもらいました。手数料を3割、4割取るというので断っていたのですが、とうとう「2割でいい」と言ってきた。2割というのは、ウチが1個400円で卸して、向こうは500円で売るということです。

デリバリーサービスの会社ですから、玉子屋としては弁当をつくるだけでいい。「今日は３０００個」という注文が入ったら、指定時間までに３０００個の弁当をつくっておけば、向こうが取りにきて宅配してくれる。注文を受けるだけ。配達しないでいい弁当を１個４００円で卸せるのだから、これは利益が出ます。

このオファーは受けていませんが、玉子屋の圧倒的な盛り付け技術をもってすれば、下請け仕事でも十分に稼げる。これも立体化経営の可能性の一つです。

「これからは自分たちが成長しないと会社は伸びない」

社員たちに言っていることです。

しかし彼らからすれば、どうやって自分が成長したらいいのか、なかなか見えないのが本音ではないでしょうか。「このまま60歳になっても弁当を配達しているのかなあ」などとネガティブな想像をしていたら、仕事に気持ちも入ってこない。

彼らの心に火を灯すためには、未来図を描いて示すことも必要です。

玉子屋はこれからこうなる。こんなチャレンジが待っている。しかも、それは未知なる領域ではなく、自分たちが積み重ねてきたキャリアの先に広がっている世界なのだ、と。

ビジョンが共有できれば希望が持てる。ワクワクと心を躍らせて仕事に取り組める。

ただし、そこに向けてやるべきことがあります。

それは玉子屋の弁当の特徴とポテンシャルをよくよく理解して、今いるフィールドで既存食数を伸ばすこと。

「期限を切ってやり切ったら、次のステップに進めるかどうかハッキリする。だから今は目の前の仕事を目一杯やっていこう」

自分に言い聞かせながら、社内にそんな指示をしているこの頃です。

おわりに　事業に失敗するこつ十二箇条

玉子屋の社長室の応接コーナーの壁には「事業に失敗するこつ」と題した額がかかっています。

事業に失敗するこつ

第一条　旧来の方法が一番良いと信じていること。
第二条　もちはもち屋だとうぬぼれていること。
第三条　ひまがないといって本を読まぬこと。
第四条　どうにかなると考えていること。
第五条　稼ぐに追いつく貧乏なしとむやみやたらと骨を折ること。
第六条　良いものはだまっていても売れると安心していること。

第七条　高い給料は出せないといって人を安く使うこと
第八条　支払いは延ばす方が得だとなるべく支払わぬ工夫をすること。
第九条　機械は高いといって人を使うこと。
第十条　お客は我がまま過ぎると考えること。
第十一条　商売人は人情は禁物だと考えること。
第十二条　そんなことは出来ないと改善せぬこと。

私が考えた言葉ではありません。私が玉子屋に入った1997年春のある日、この十二箇条が書かれたファックスが送信されてきました。送り主は私が玉子屋に入る前に在籍していたマーケティング会社の社長でした。

「玉子屋さんにぴったりの教訓を見つけたから送ります。頑張ってください」

ファックスにはこんなメッセージが添えられていました。

以来、この十二箇条は玉子屋の社是（しゃぜ）、経営理念として社長室の壁に掲げられています。

どなたがつくった教訓なのか、調べてみたのですがよくわかりません。一説には北陸にある老舗の寿司屋のご主人が考案したとも聞きましたが、確証は得られていません。

それにしても、言葉は簡潔ですが、読めば読むほど味わい深い、含蓄（がんちく）のある教訓が並んでいます。商売をしている人間にとっては、本当に身に沁み入る言葉ばかり。

今でもときどき立ち止まって、何とはなしに、この十二箇条を眺めることがあります。

会社の調子がいいとき、調子が上がらないとき、決断を迫られたとき、迷っているとき、気持ちが緩んでいるとき、歯を食いしばっているとき……。不思議なことに、読み返すたびに目に留まる教訓が違います。そのときそのときで自分の心にしっくりと入ってきて、戒（いまし）めてくれる言葉がある。

たとえば仕事に追われているときなどは第三条の「ひまがないといって本を読まぬこと」が目に留まって、「そういえば最近、本を読んでいないな」と自分の余裕のなさに気づかされます。設備投資に迷っているときなどは第九条「機械は高いといって人を使うこと」が目に入ってドキッとするし、人事給与の査定をしているときには、第七条の「高い給料は出せないといって人を安く使うこと」が何となく浮き上がって見える。

慢心したり、変化を嫌う気持ちが心の隙間に入り込んだときには、第一条の「旧来の方法が一番良いと信じていること」や第六条「良いものはだまっていても売れると安心していること」、第十二条「そんなことは出来ないと改善せぬこと」が実に沁みてきます。

社員にもこれらの教訓を共有して欲しいと思って紹介しました。玉子屋の社内のところどころに「事業に失敗するこつ」のコピーが貼られています。

玉子屋の配達スタッフは20の班に分かれていると説明しましたが、それぞれの班は売り上げ5億円規模の事業部、あるいは会社のようなものです。班長は社長。玉子屋グループの社長である私とは立場が違うだけで、売り上げを伸ばす工夫をして、人を動かすという仕事の基本は何も変わらない。

「お客様を思ってやったことなら、失敗してもすべて私が責任を持つ。君たちはここに書いてあること以外なら何をやってもいい」

「事業に失敗するこつ」をしめして、班長たちにそう言っています。私にとってこの十二箇条は、社員に対する権限委譲のメッセージでもあるのです。

創業社長のリーダーシップが強い中小企業では、権限委譲はなかなか進みません。しかし権限委譲して社員一人ひとりがパフォーマンスを高めていかなければ、会社組織としてステップアップしていくのは難しいと思います。

私が玉子屋で実質的に二代目を承継してから20年が経過しました。この20年の私の仕事は権限委譲するための仕かけづくりであり、人材育成であったように感じています。「事業に失敗するこつ」はその指針になってくれましたし、これからも玉子屋の経営理念として大事にしていきたいと思っています。

「事業に失敗するこつ」は失敗しないためのアンチテーゼになっていますが、人間には失敗が付きものです。

「失敗は成功の母」と言われるように、失敗することは決して悪いことではありません。本当に怖いのは失敗を恐れて行動しないことで、後になって「あのとき動かなかったことが大失敗だった」と後悔しても取り返しがつきません。

失敗は誰にでもある。

大切なのは失敗との向き合い方です。失敗の原因を探ったり、反省して、次の機会に生かす。マイナスをプラスに変えていく。

失敗して落ち込んだり、悲しんだり、不遇を嘆きたくなることがあるでしょう。時には思い切り泣いて悲しみを洗い流したり、愚痴をこぼしたり、酒を飲んで憂さでも晴らさなければやっていられない。しかし、そうやって失敗を「消化」するだけでは、また同じ失敗を繰り返すことになるかもしれません。

成功した人、あるいは人生を楽しんで生きている人のお話を聞いていて、いつも共通しているなと感じることがあります。それは我が身に降りかかった出来事、いいことも悪いことも、失敗でさえも、すべてを未来への糧にしているということです。

失敗というマイナスの現実を受け止めて、それを今から、明日から、プラスに変えていこうと思って生きれば、人生は必ず楽しくなる。幸せになれると私は信じています。

「マイナスをプラスに変える」などと言うと難しく感じられるかもしれませんが、簡単なことです。

たとえば遅刻という失敗をしたのなら、「次からは遅刻しないようにしよう」と心に決めて努力すればいいのです。同じミスを繰り返さない。たったそれだけで周囲の印象が変わる。自分の未来も変わる。

私は毎日、就寝前にその日に起こった出来事を振り返るようにしています。

朝起きてからの自分の行動、言動を一つひとつ思い返して、「今日の自分がどうだったか」を自己分析する。

「あのときちょっと余計なことを言っちゃったな。もっと相手の話に耳を傾けよう」とか

「何であそこでひと声かけなかったかな。今度同じような機会があったら、必ず声をかけよう」などと反省することもあれば、「今日は1日合格点」という日もあります。疲れていてすぐに寝てしまうこともありますが、それはそれでいい。

寝る前にちょっと今日の自分を振り返って、明日の自分をイメージする。それだけでもマイナスをプラスに変える効果があるし、その積み重ねが人生を大きく変えていく。これは私自身の経験則であり、玉子屋の経営にも投影されていると思います。

最後になりましたが、玉子屋・玉乃家で働いてくれているすべての従業員、迅速に食材を納品してくださる業者の皆様、一緒にプライベートブランドの開発に工夫してくださったメーカーの皆様、そして玉子屋のお弁当を召し上がってくださるお客様、すべての方に深く感謝申し上げます。

2018年11月吉日　玉子屋二代目　菅原勇一郎

新書化によせて

本書は２０１８年12月に上梓した同名タイトルの本を、新書化したものです。ここまでお読みいただいた本編は、２０１８年12月までの玉子屋の姿です。

その後、玉子屋はコロナ禍で大きな打撃を受けました。


２０２０年４月７日に最初の緊急事態宣言が東京都、神奈川県、埼玉県、千葉県などで発出されると、配達先の企業では社員がリモートワークとなり、オフィスから人が消えました。当社はオフィスにランチを配達する業態ですから、リモートワークの影響はすさまじく、一日平均の食数は６万食前後から２万食を下回るまでに激減。当時２００万円の持続化給付金の補助がありましたが、私たちのような規模の中小企業は、この金額ではとてもやっていけません。この年は約10億円の損失が発生しました。

しかしそのような中でも、原価50％の原材料費は変えませんでした。

また従業員も、雇用調整助成金のおかげで、各人の契約期間満了まで雇用をつなげました。契約の社員たちをその後再契約することはできない状況でしたので、本社の従業員数は550人から300人にまで縮小し、今に至ります。

当初は、コロナ禍は1年ほどで収束すると思っていました。それが2年目に入っても、東京都では緊急事態宣言がたびたび発出され、オフィスに人が戻らず、2021年は本当に苦しかったです。

特につらかったことの一つは、コロナ対策資金として銀行から借り入れたお金を急に返済しなければならなくなったことです。もともと1年後の返済予定でしたが、新型コロナウイルス感染症の流行が収束せず、政府から銀行に貸出期間延長の要請がありました。玉子屋は40年間黒字の実績もありましたし、長年付き合いのある大手銀行でしたので、延長していただけるものと思っていました。

ところが、銀行から返済期限は延長できないと言われ、私が創業した仕出し料理の玉乃家のほか、買収した葬儀屋、所有していた土地や工場を手放さざるを得ませんでした。

それまで私は何事もすべて先のことを計算し、自信を持って行なってきました。

でもこのときばかりは、先がどうなるか見えず、ただ、何かやらないと会社が潰れてしまうという思いで、考える余裕もなく進むしかありませんでした。そうして当面の現金を工面し、借金返済にあてたものの、その後も苦しい状況が続きました。

なんとか危機を脱することができたのは、それまで取引のなかった日本政策金融公庫と商工中金からご支援いただくことができたからです。弊社の財務状況を見て「この状況で、手を引く銀行が信じられません」と言っていただき、両行から約6億円ずつを無担保、3年間の無利子、返済期間10年という条件で貸していただくことができました。これでようやく資金が回るようになりました。

実は、苦境はコロナ禍によるものだけではありませんでした。

売上が激減した2020年に、食中毒を出すという不祥事を起こしてしまったのです。それは8月28日金曜日のことでした。

その週は月曜からずっと気温35℃を超える暑い日が続いていました。また、配達先の食数に増減があり出勤者を調整していたため、金曜日はいつもとは違う従業員が製造部門を担当しました。

そのような中、玉子屋の弁当を食べた方に腹痛、下痢、発熱などの症状が出て、保健所の調査で弁当から大腸菌が検出されました。すぐにホームページで状況や経過を逐一細かくお伝えし、被害にあわれた方には補償することをお約束しました。

すぐに社員と手分けをして謝罪にうかがい、毎日朝7時から夜9時までお詫びを続け、最終的にすべての方への補償を終えるまでに1年以上かかりました。厳しいお言葉をいただくこともあり、ご迷惑をおかけした方に本当に申し訳なく、玉子屋はもうだめではないかと不安で、夜も眠れませんでした。

そんなことが続いたある日ふと、もう死んでしまおうと思いました。これだけたくさんの方にご迷惑をかけ、社員を露頭に迷わせてしまうなら、責任をとって死ぬしかないと思ったのです。

でも、今までの自分の人生が走馬灯のようによぎりました。

——ここでもう1回、踏ん張るのが人生というものではないか。

そう思い直し、踏みとどまりました。

このとき、本当に救われたのは、ネットの書き込みです。不祥事を起こした会社にネット社会がいかに厳しいかは知っていましたので覚悟はしていましたが、実は批判コメントは５％で、残り95％は応援メッセージでした。

これを知ったとき、玉子屋はまだ大丈夫だ、頑張れると思いました。玉子屋という会社が、今までお客様からいかに支持していただいていたかを実感しましたし、私たちはまだ必要とされているのだと思いました。これは非常にありがたかったです。


この新書版あとがきを書いている２０２２年11月には、ようやく赤字が止まるところまで回復し、10月は平均３万５０００食まで戻りました。

先日、久しぶりに主力メンバーの社員と野外でバーベキューをしたとき、みんなから「本当につらかったです」「何度も辞めようと思いました」と言われました。実は、私を含めた４人の取締役はコロナ禍以降、給料６割カットでやっています。社員の月給は変えないと誓い、それはずっと守ってきましたが、２０２０年は年２回のボーナスを出すことができませんでした。２０２１年も半分のボーナスを出すのがせいいっぱいで、それでも赤字の状態でした。

利益率が従来の水準に戻るまで、あともうひと息ですが、このひと息は簡単ではありません。２０２２年はコスト高もあり、定価を４７０円から５００円に変更せざるを得ませんでした。原価を下げることも検討しましたが、それをしたら、玉子屋が玉子屋でなくなります。苦渋の決断で値上げに踏み切りました。ほとんどのお客様から了承をいただくことができたのは、今、社会全体が値上げ傾向にあるためだと思います。

コロナ禍で新しく始めたこともあります。

従来の配達先は主にオフィスで、これが今回、大きな打撃につながりました。そこで工場が多い地域の顧客を開拓し、現在、浦安から京浜工業地帯、さらにその先の磯子までのエリアでは、食数が増えています。

また、私立の中学や高校のランチタイムに配達することも始めました。公立学校は給食がありますが、私立は小学校からお母さんの手づくり弁当がほとんどです。でもお母さんも働いていますから、朝のお弁当づくりが大変ということもあります。そういうときに玉子屋の弁当があると便利ということで、ニーズは非常にありました。

そこでまず先生方に食べていただき、そこから生徒さんたちのランチに入れていただいて、少しずつ食数が増えています。現在は14校に届けています。学校は長期の休みがあるため稼働日は年間200日ありません。それでも子どもたちが、成人して就職した先で、また玉子屋の弁当を食べていただけることを期待して、力を入れています。それ以外では、専門学校や大学の校内で、キッチンカーで弁当を販売することも始めたところです。

またもう一つ、ミニストップと提携して、無人コンビニを始めました。現在、1ヶ所で展開、間もなくあと数ヶ所でもスタートする予定です。

これはコンビニを入れるほどの規模ではないが、コンビニの機能はほしいという企業からの依頼で、オフィスビル内の小スペースを使い、玉子屋がオーナーとなって経営しています。スペースの中央には玉子屋の弁当を50から100個並べ、ちょっとしたスナックや文房具用品などは、ミニストップのマーケティングで選んだ商品を置いています。

きっかけの一つは、会社で弁当を販売してほしいというニーズが増えたことでした。現地で販売する場合、人件費を考えると原価50%の500円の弁当では、100食以上売らなければ赤字になってしまいます。一方で、食数が少ないからお断りするというのは、機会損失です。なんとか無人販売できないかと考えていたところ、コンビニに関しては、セキュリティのあるオフィスビル内であれば保健所の許可が下りるということがわかりました。弁当は余ると困りますが、売れる数だけ置くようにして、それ以上増える場合は、注文にしていただくという方向で考えています。

この無人販売スタイルは、新たな方向性だと思っています。

高層マンションの管理会社と提携し、マンション1階のスペースを活用して、アプリを使った販売をすることを考えています。リモートワークが定着した企業も増えているので、ニーズは高いと思います。また、10個程度の弁当を入れられるボックスが開発されれば、小規模のマンションでも展開することができますし、100メートルおきに1つずつボックスを置かせてもらうことができれば、食数をより伸ばすことができるでしょう。

本文中で書いているアプリの開発は、1億円をかけて開発しようというときに、緊急事態宣言の発出で売上が激減し、自社での開発が難しくなりました。現在は外部の「おべんとね！っと」と「ごちクル」というサイトで販売していますが、やはり自社アプリは開発したいと考えています。

そうすることで、ポイントの付与や無料サービス、弁当のアピールなどもしやすくなります。たとえば玉子屋の弁当は、森永乳業株式会社と提携し、ご飯に百億個のシールド乳酸菌®を入れています。これは日本の弁当屋では玉子屋だけのサービスで、毎日、無料で行なっているのですが、このようなことも、自社アプリでお伝えしていくことができます。

このようにいろいろな展開を考えていますが、いずれも根本の発想は変わりません。それは、いかに社会状況や雇用形態が変わろうと、昼の弁当のニーズがあり、人が集まる場所があるなら、そこに届けるという発想です。

あらためて、この本を出版してから起きた一連の出来事を振り返ると、本当に大きな経験だったと感じます。それまで玉子屋は日本一のお弁当屋だと言われ、私も人前で得意げに話をしていました。実際、負ける気がしませんでした。

しかしオフィス街から人が消え、売上は激減し、食中毒まで起こしてしまい、長年取引のあった大手銀行から返済を迫られることになりました。どれほど今がよくても、そのまま勝ち続けられるとは限らないということを、身をもって体験しました。

実は、会長からは常々「お前は優秀で、このまま何事もなく、最後までうまくいけるかもしれないけど、たぶん何か起こるだろう」と言われていました。会長からすると「やっぱりあったな」ということになりますが、それでもまさかコロナ禍と食中毒のダブルパンチが来るとは、誰も予想できませんでした。会長もさすがに今回は、会社が潰れると思ったようです。

特に、食中毒を出してしまったことは大きかったです。コロナ禍は大変でもいずれ収束するだろうし、そうすれば、私と今のメンバーで必ず復活できるという思いがありました。でも、食中毒を出してしまったときは、どんなに頑張ってももう立ち直れないのではないかと思いました。

大変ありがたいことに、多くの方に支えられて、ここまで回復することができました。これは奇跡に近いと思います。

今回のことで、私にとって、モチベーションは金銭ではないということも、あらためて思いました。

それは、会社や社会に対する責任かもしれません。またそれだけでなく、私は人が好きなのだと思います。人と接して、自分に変化があることで、生きていることを実感します。もちろん、楽しい変化ばかりではありませんが、つらいことがあったときでも、これが生きている実感の源なのだと考えられれば、将来のエネルギーに変えることができます。

このまま元気な中小企業で行けるのが理想ですが、玉子屋のような規模の会社がいかに弱いかということが、今回のコロナ禍で身に染みてわかりました。中途半端な大きさでは、いざというとき潰れかねません。場合によっては、大企業と事業提携して海外展開する、あるいは国内の別の県に展開するということも視野に入れる必要があるかもしれません。

実際にそうしなければ生き残れない状況であれば、決断せざるを得ないでしょう。

私は、このコロナ禍において、今畳んでしまったほうがいい会社もあるだろうと思います。苦しくても、生き残ることが繁栄につながる会社もあると思います。

その判断基準は何かといえば、「自分たちの商売が、世の中に必要とされているかどうか」です。私は、玉子屋が世の中から必要とされなくなったら、スパッとやめるつもりです。

東京の人口は約1400万人ですが、昼間人口は1592万人にのぼります。そのうちの数万人に、肉と魚と野菜のバランスがいい弁当を500円で届けられることには、意味があると思っています。玉子屋の弁当を食べて午後も頑張ろう、そう思ってくださるお客様が約4万人以上いらっしゃる。召し上がる方が、ビジネスパーソンから学生さんに変わり、今までBtoBで企業と取引していた関係が、BtoCになるかもしれませんが、ニーズはある。だから玉子屋は、負けないで頑張る。それが私の信念です。

会社とは、何代も続いていて伝統があるから残す、というものではありません。世の中に必要とされているから残すべきで、それは中小企業でも大企業でも変わりません。

自社が、社のある地域に、都道府県に、日本に、世界に、どのような影響を与えられるのか。そのような視点で世の中の流れをとらえることが重要なのだと思います。今後どのようなことが起きても、経営者として、勇気と覚悟をもって臨んでいきたいと考えています。

2022年11月　菅原勇一郎

菅原勇一郎（すがはら・ゆういちろう）

立教大学経済学部経営学科（体育会野球部所属）を卒業後、株式会社富士銀行（現 株式会社みずほ銀行）に入行。1995年、流通マーケティング会社を経て、1997年、株式会社玉子屋に常務取締役として入社、2004年に同代表取締役社長に就任。
テレビ東京『カンブリア宮殿』等メディアに多数取り上げられ、独自の経営手法、人材マネジメントは米国スタンフォード大学の大学院教授が視察に訪れるなど着目されるようになる。2015年から世界経済フォーラム（ダボス会議）のフォーラム・メンバーズに選出されている。

扶桑社新書　455

構成　小川 剛／田中奈美
撮影　林 紘輝（扶桑社）
校正　皆川 秀
ＤＴＰ　生田 敦

東京大田区・弁当屋の
すごい経営

発行日 2023年1月1日　初版第1刷発行

著　者………菅原勇一郎
発 行 者………小池英彦
発 行 所………株式会社 扶桑社
〒105-8070
東京都港区芝浦1-1-1 浜松町ビルディング
電話 03-6368-8870（編集）
03-6368-8891（郵便室）
www.fusosha.co.jp

印刷・製本………株式会社広済堂ネクスト

Printed in Japan　ISBN 978-4-594-09388-4